ENDLICH SCHLUSS MIT BROMBEERE IM ABGANG

ENDLICH SCHLUSS MIT BROMBEERE IM ABGANG

EIN WIRKLICH LÄSSIGER
LEITFADEN FÜR ALLES, WAS
SIE ÜBER WEIN WISSEN WOLLEN

DIE NEUEN **WEIN** REGELN

JON BONNÉ

ILLUSTRATIONEN VON MARÍA HERGUETA

Lifestyle
BUSSE SEEWALD

IN–HALT

EINLEITUNG

Alle denken, Weinexperten würden ein Leben in Saus und Braus führen. Wenn die Leute erfahren, was ich beruflich mache, sehen sie vor ihrem inneren Auge, wie ich mich von einem Chauffeur in einem Mercedes herumkutschieren lasse und seltene Flaschen verkoste.

Um ehrlich zu sein, unterscheidet sich mein »Wein-Leben« aber nicht groß von Ihrem. In vielen Weinläden bin ich schlecht beraten worden. Ich habe mich von mehr Wein-Empfehlungen verführen – und enttäuschen – lassen, als ich aufzählen kann. Und abends trinke ich zum Essen das, was gerade offen ist.

Restaurants? Die Weinkarten machen mir immer noch zu schaffen, und obwohl ich ein fast fotografisches Gedächtnis habe, finde ich auf vielen Weinkarten immer noch jede Menge Weine, von denen ich noch nie gehört habe. Ich bin von Sommeliers öfter herablassend behandelt worden, als ich mich erinnern möchte. Und mir wurden Weine in schockierend schlechtem Zustand serviert – zum Beispiel diese besondere Flasche Grenache für 125 Dollar (etwa 105 Euro), die ich mir vor Kurzem gegönnt habe und die so warm an meinen Tisch gebracht wurde, dass ich mich fragte, ob sie neben dem Pizzaofen gelagert worden war. (Wir baten um einen Eiskübel.)

Ich liebe meinen Beruf. Jedes Jahr darf ich Tausende Weine verkosten, darunter auch einige, die nur wenige Menschen überhaupt jemals zu Gesicht bekommen. Trotzdem, eine Menge über Wein zu wissen, bedeutet nicht, dass damit alles automatisch leichter wird.

Tatsächlich macht uns das Getue um sogenannte Weinkennerschaft in den USA den Genuss am Wein schwer. Amerikaner haben sich in vielerlei Hinsicht vom Mythos dieser Kennerschaft blenden lassen. Wir sind fasziniert von Geschichten über das Sabrieren von Champagnerflaschen oder das Blindverkosten von rotem Burgunder. Aber, um ehrlich zu sein, ist das Kinderkram. Der Mythos vom Weinkenner behauptet, dass man alles bis ins kleinste Detail wissen muss. Und tatsächlich sind die meisten Weinexperten regelrecht besessen von Details, die für den Rest von uns überhaupt keine Bedeutung haben.

Verstehen Sie mich nicht falsch: Expertise kann wertvoll sein. Ich schreibe seit etwa 15 Jahren professionell über Wein, darunter fast zehn Jahre als Redakteur und Chefkritiker des »San Francisco Chronicle«. Ich habe Hunderte Artikel geschrieben und Zehntausende Weine verkostet. Ich habe ein Buch geschrieben, *The New California Wine*, das das Wiederaufleben des Interesses an kalifornischen Weinen nachzeichnet. Und dabei bin ich bei uns zu Hause, was Wein angeht, eine kleine Nummer – meine Frau importiert und verkauft einige der besten Weine der Welt. Unsere Bücherregale quellen vor Weinbüchern über …

Mit anderen Worten, es ist unser beider Job, viel über Wein zu wissen. Aber sowohl meine Frau als auch ich selbst sind zu dem

Schluss gekommen, dass man kein Studium absolvieren muss, um Wissen über Wein anzusammeln.

Ich hatte Glück. Ich wuchs in einem Haushalt auf, in dem Wein ein alltägliches Thema war. Mein Vater hatte ein semi-professionelles Interesse an Wein, und ich lernte quasi durch »Osmose« – etwa so wie andere Kinder alles über Baseball von ihren Vätern lernen. Ich hatte nie ein Erleuchtungserlebnis. Irgendwann vergaß ich die ganze Wein-Sache sogar, ging ans College und wurde Journalist. Erst Jahre später flammte mein Interesse wieder auf, und die meisten meiner Artikel fingen an, sich um das Thema »Wein« zu drehen. Irgendwann schlug ich schließlich meinem Herausgeber vor, dass ich eine Weinkolumne schreiben könnte.

Expertise braucht Zeit, um sich zu entwickeln. Zu Beginn meiner Karriere machte ich den klassischen Fehler: Ich gab vor, mehr zu wissen als es den Tatsachen entsprach, was mich – grauenhafte Konsequenz! – zu einem Wein-Snob machte. Einmal lehnte ich die Flasche Barbera zu meiner Pizza ab, weil der Wein »viel zu gerbstoffreich« wäre. (Tatsächlich ist der Barbera gerade dafür bekannt, dass er fast keine Gerbsäure enthält. Ein großartiger Pizza-Wein.)

Irgendwann hatte ich gelernt, mangelndes Wissen nicht mehr zu verbergen. Ich kostete und trank viele Weine und begann, die einzelnen Puzzleteile zusammenzusetzen. Ich wollte nie Sommelier werden und bekam nie die offizielle Experten-Weihe – die man auch nicht braucht. Denn die alten Weinregeln verblassen allmählich und die Handvoll Experten, die früher den Weingeschmack der Mehrheit bestimmte, hat heute nicht mehr viel Einfluss. Heutzutage sind Weintrinker selbstsicherer und klammern sich weniger an Regelwerke und die »Weisheit« von Experten.

Für mich stellte sich also die Frage: Was haben Experten überhaupt noch zu bieten? Kein Mensch braucht noch so ein »Trinken Sie dies, aber nicht das«-Buch. Deshalb basiert *Endlich Schluss mit Brombeere im Abgang* auf der Idee, dass das Wertvollste, was ich anderen mit auf den Weg geben kann, eine praktische Zusammenfassung sinnvoller und alltagsrelevanter Dinge ist: Wie findet man heraus, was einem persönlich schmeckt? Wie wählt man die richtige Flasche für die Grillparty am Wochenende? Wann kann man in die Vollen gehen, und wann sollte man den Ball flach halten?

Aus diesem Grund werden Sie hier keine weitschweifigen Ausführungen über Rebsorten und Weinregionen finden. Eine unübersehbare Anzahl von Büchern deckt diese Themen bereits ab. Sie helfen Ihnen, tiefer ins Thema einzutauchen, wenn Sie das möchten. Ehrlich gesagt ist die Welt des Weins inzwischen so unüberschaubar, dass es unmöglich ist, alles zu wissen. Finden Sie heraus, was Ihnen persönlich wichtig ist.

Nie zuvor hat es so viele Weine, so viele unterschiedliche Aromen, Stilistiken und Rebsorten gegeben. Genießen Sie Ihren Wein. Das klingt banal. Aber nicht, wenn Sie bedenken, dass (zumindest in Amerika) Weinliebhaber bis in die jüngste Vergangenheit hinein in der Angst lebten, für geschmacklos und unwissend gehalten zu werden.

Trinken Sie mit Freude und Genuss – und bleiben Sie neugierig. Wein ist ein absolut komplexer und faszinierender Teil unserer Kultur. Das Interesse an diesem Thema kann – muss aber nicht – ein ganzes Leben lang anhalten. Mein Leben hat diese Neugier definitiv bereichert. Und es ist Zeit, einiges von dem, was ich bisher gelernt habe, weiterzugeben.

DIE GRUNDLAGEN

Trinken Sie den Regenbogen!

Die Welt des Weins ist heute vielfältiger und interessanter als je zuvor. Schade, dass die große Mehrheit der Weintrinker diese Tatsache nicht nutzt.

Dafür kann niemand etwas. Wir sind einfach Gewohnheitstiere, und Wein hat viel mit Gewohnheit zu tun. Wer Chardonnay mag, trinkt vermutlich weiterhin Chardonnay, weil er die Rebsorte kennt. Und wenn man einmal Produzent X für sich entdeckt hat, wird man seine Weine wahrscheinlich weiterhin trinken, bis es gute Gründe gibt zu wechseln.

Die Weinbranche kennt die Unsicherheit ihrer Kunden. Also bietet man bekannte Produkte an, die sich untereinander nicht zu sehr unterscheiden. Weiß oder rot? Pinot Noir oder Malbec? Frankreich oder Kalifornien? Wie wäre es mit noch einem Prosecco?

Bis in die 1980er umgab Wein in den USA eine Art Geheimnis, das gelüftet werden musste. Und dafür brauchte es schlichte Slogans und simple Angebote.

Heute ist das nicht mehr so. Wir sind keinen Beschränkungen mehr unterworfen und dürfen uns an einem sich ständig in Bewegung befindlichen Reigen von Stilistiken, Regionen und Rebsorten erfreuen. Also dann! Ein Gamay Noir von den Sierra

Foothills? Auf seinen Schalen vergorener Muscat aus Pantelleria? Warum nicht!

Der Zugang zu dieser neuen Welt des Weins ist einfach. Oft wird uns zu sogenanntem Regenbogen-Essen geraten. Wir sollen natürliche Lebensmittel unterschiedlicher Farben zu uns nehmen und so für abwechslungsreiche Ernährung sorgen. Darüber hinaus spricht uns Abwechslung ja auch grundsätzlich an. Wir wollen nicht so sehr einfach Vor- und Hauptspeise, sondern kosten lieber viele verschiedene Gerichte.

Das soll nicht heißen, dass die Klassiker beim Wein und beim Essen nichts mehr gelten. Aber möchten Sie wirklich jemand sein, der Pinot Grigio bestellt, weil das eine sichere, unbedenkliche Wahl ist? Oder jemand, der auf den Unterschied zwischen einem Chablis und einem Chardonnay besteht? (Kleiner Tipp: Chablis *ist* ein Chardonnay.) Oder soll Ihnen ihr Wein einfach Spaß machen?

Also, trinken Sie den Regenbogen. Heutiger »Weiß«wein ist nicht einfach nur weiß. Er kann hellgrün sein oder intensiv gelb. Rotwein kann so hell sein, dass man die Farbe als Fuchsia beschreiben würde, oder so dunkel, dass man von Ocker sprechen kann. Es gibt Hunderte brauchbare Rebsorten, die mal besseren, mal schlechteren Wein

ergeben, die es aber alle wert sind, entdeckt zu werden. Zerbrechen Sie sich dabei nicht zu sehr den Kopf über Rebsorten. Aus jeder Sorte lassen sich Weine ganz unterschiedlicher Stilistiken produzieren. Und auch die zur Umwandlung der Trauben in Wein verwendeten Methoden können sich sehr unterscheiden. Es gibt Hunderte Wein-Appellationen, Tausende Schattierungen Rosé und sogar »Orange Wine« (s. Seite 35). Manche Weine werden unter einem Hefeschleier produziert, manche Weine perlen leicht, manche Weine schmecken mineralisch und andere nach Altersweisheit.

Der rote Faden durch dieses Buch ist folgender: Sie brauchen nicht noch einen Experten, der Ihnen den Unterschied zwischen rotem und weißem Wein oder was auch immer erklärt. Was man braucht, ist eine Art Bezugssystem, das einem dabei hilft, sich dieser merkwürdigen und wunderbaren Welt des Weins in die Arme zu werfen.

Vor vielen Jahren sang ein weiser Frosch, dass Regenbögen nichts zu verstecken haben (Kermit in »The Muppets«). Sie zeigen uns klar und deutlich all ihre bunten Streifen. Und mit Wein ist das heutzutage ähnlich. Daher noch mal: Trinken Sie den Regenbogen! Sie werden es nicht bereuen.

REGEL 2

Vergessen Sie die sogenannten besten Weine. Trinken Sie gute Weine.

In den vergangenen 20 Jahren sind viele der besten Weine der Welt – der Großteil der Spitzen-Bordeaux- und -Burgunderweine und viele kalifornische Cabernets – unerschwinglich geworden. (Es gibt ein paar erwähnenswerte Ausnahmen, deutscher Riesling zum Beispiel.) Das soll nicht heißen, dass Sie diese Weine nicht trinken sollten, wenn Sie können. Aber machen Sie sich keinen Kopf darum, nur »das Beste« zu kaufen. Das Beste ist oft sehr gut. Aber eben nicht immer. Und es gibt Tausende sehr gute Weine weltweit, die aus dem einen oder anderen (in der Regel einem geografischen) Grund nicht die Weihen als »gehört zu den Besten« erhalten haben. Lernen Sie mehr über *diese* Weine. Eine interessante und gute Wahl getroffen zu haben, ist besser als extravagant und teuer gewählt zu haben.

REGEL 3

Ein guter Weinladen-Mitarbeiter ist Ihr bester Freund.

Wenn Sie mehr über Wein lernen möchten, finden Sie am besten einen richtig guten Weinladen und machen Sie sich mit dem Personal dort bekannt. Mit der Zeit wird es Ihre geschmacklichen Vorlieben kennenlernen und Ihnen die Weine empfehlen können, von denen es glaubt, dass sie Ihnen schmecken werden. Auf der nächsten Seite finden Sie Tipps, wie Sie Wein wie ein Profi einkaufen.

ENDLICH SCHLUSS MIT BROMBEERE IM ABGANG

FINDEN SIE EINEN GUTEN WEINLADEN.

Er sollte viele Weinregionen im Sortiment haben (außer er ist nur auf eine spezialisiert), und es sollten dort Fachkräfte arbeiten, die Ihnen die Weine im Detail vorstellen können und wissen, wie die Trauben an- und ausgebaut wurden. Der Schwerpunkt des Ladens sollte auf richtig guten unabhängigen Importeuren und Produzenten liegen.

KRIEGEN SIE RAUS, OB ER DAS GUTE ZEUG AUF LAGER HAT.

Ein richtig guter Weinladen hält eine vielfältige Auswahl vor, die von kleineren Weingütern stammt – Flaschen, die man im Supermarkt nicht findet, produziert von realen Menschen.

SEIEN SIE NICHT SCHÜCHTERN.

Zu viele Weinliebhaber sind immer noch nervös, wenn es darum geht, mit Fachangestellten im Weinladen zu sprechen. Aber *Sie* sind der Kunde. Sagen Sie den Mitarbeitern, was Sie möchten. Deren Aufgabe ist es, sich nach Ihnen zu richten, und nicht, Ihnen das zu verkaufen, was sie Ihnen verkaufen möchten. Fühlen Sie sich nicht verpflichtet, den Fachjargon zu verwenden. Verwenden Sie Vokabular, das Ihnen geläufig ist. Wenn Sie sich eingeschüchtert fühlen, sind Sie in keinem guten Laden.

BAUEN SIE EINE BEZIEHUNG AUF.

Wie alle kleinen Geschäfte leben Weinläden von ihren Stammkunden, deren Geschmack und Vorlieben die Mitarbeiter mit der Zeit kennenlernen. Oft wird das mit Vorankündigungen zu Rabattaktionen und Verkostungen belohnt.

MACHEN SIE DEN CHAMPAGNER-TEST.

Eine einfache Faustregel: Bei Champagner tritt am deutlichsten der Unterschied zwischen großen Konzernen und kleinen Produzenten zu Tage. Wenn Sie also einen Weinladen betreten, und schon von über der Hälfte der Champagner-Marken in den Regalen gehört haben, schauen Sie sich weiter um – woanders.

REGEL 4

Lassen Sie sich von Fachjargon nicht einschüchtern – oft steckt nicht viel dahinter.

Reden Sie so über Wein, wie Sie möchten. Manche Begriffe sind fachsprachlich (»Restzucker«, s. Seite 22) und manche kennt man vielleicht aus vertrauteren Zusammenhängen (»Gerbsäure«, s. Seite 21). Andere wiederum sind fantasievoll und poetisch – nett, aber subjektiv. Ein paar sind klischeebelastet (»richtig sexy«), andere (»erfrischend«) haben im Grunde genommen keine Bedeutung. Wenn Sie kein Profi sind, der sich gerade mit anderen Profis unterhält, verwenden Sie Wörter, mit denen Sie sich am wohlsten fühlen.

Aber passen Sie auf, dass Sie nicht affektiert wirken. (Muss man wirklich sagen, dass der Wein einen »Hauch« von irgendwas hat?) Gespräche über Wein bieten reichlich Gelegenheit zu stolpern. Wie sich das vermeiden lässt – siehe nächste Seite.

»DIESER WEIN IST SEHR FEMININ.«

Wein ist kompliziert genug – das soziale Geschlecht muss nicht auch noch ins Spiel gebracht werden. Es gibt viele Adjektive (rau, delikat, intensiv, nuanciert ...), die für die Beschreibung ausreichen.

»DER IST SO GESCHMEIDIG!«

Die Grenze zwischen Terminologie und Geschwafel ist sehr schmal. »Geschmeidig«? Wir machen doch keine Werbung für Bartpflegeprodukte. »Samtige Textur« oder sogar »seidig« sind präziser.

»KÖPFEN« UND ANDERE UNARTEN

Das Thema »Wein« ist interessant genug, es muss nicht mit Populismen »angereichert« werden. Ein guter Wein schmeckt auch dann, wenn die Flasche nicht »geköpft« wurde. Und das Feine an einem guten Glas Wein ist nicht, dass ihm zuvor »die Luft rausgelassen wurde«, sondern sein Inhalt.

»KIRSCHEN, BROMBEEREN UND EIN HAUCH JOHANNISBEERE ...«

Es macht Spaß, Aromen zu identifizieren, aber zu viel Gerede über Brombeeren und Kirschen usw. lassen die Leute glauben, Sie hätten einen Obst-Fetisch.

»MAN SCHMECKT DAS *TERROIR* ...«

Riechen und schmecken Sie spezifische Dinge (zum Beispiel Feuerstein im Chablis), die typisch für eine bestimmte Traubensorte sind, wenn sie an einem bestimmten Ort wächst? Das könnte am *Terroir* liegen. Ein komplizierter Begriff, der sich darauf bezieht, dass Weine von bestimmten Orten ein spezifisches Aroma und einen spezifischen Geschmack haben. Oder schmecken Sie ein erdiges Aroma? Damit wird der Duft und der Geschmack von frischem (oder nicht so frischem) Erdboden beschrieben.

Eigentlich müssen Sie nur ein paar Weinbegriffe wirklich kennen.

Wir verwenden viele Begriffe, um den Geruch und Geschmack von Wein zu beschreiben. Da sie weniger benennen, sondern *andeuten,* sind sie bisweilen verwirrend. Wein wird fast ausschließlich aus Trauben gewonnen. Wenn ich sage, ich rieche Süßholz oder Brombeeren, sind vielleicht zwar chemische Verbindungen vorhanden, die auch in Süßholz oder Brombeeren zu finden sind, aber sie wurden dem Wein nicht zugefügt. Was bedeuten diese Begriffe also wirklich?

FRUCHTIG

Wein kann nach fast jeder Frucht schmecken – außer nach Weintrauben. Vielleicht kommen einem spezifische Obstsorten in den Sinn, oder man findet eine bestimmte Eigenschaften von Früchten im Geschmack des Weins wieder – beispielsweise milde wie die von Brombeeren. Fruchtig ist nicht dasselbe wie süß. In einem fruchtigen Wein treten die anderen Aspekte in den Hintergrund. Diese Fruchtigkeit kann sich im Lauf der Jahre verlieren.

KRÄUTER UND PFLANZLICHE AROMEN

Düfte und Aromen von Kräutern und anderen Pflanzen – von frisch geschnittenem Gras (denken wir an Sauvignon Blanc) bis zu getrocknetem Salbei. Diese Aromen können von der Rebsorte selbst stammen (Cabernet Franc hat zum Beispiel häufig Anklänge an grünen Paprika), der relativen Reife oder der Verarbeitung zu verdanken sein.

GEWÜRZAROMEN

Aromen getrockneter Gewürze, von Wacholderbeeren bis zur Muskatnuss, die die Frucht und andere Aromen akzentuieren. Viele Weine werden häufig als »pfeffrig« beschrieben, vor allem Syrah, der mit Rotundon eine chemische Verbindung enthält, die auch in Pfefferkörnern und Rosmarin enthalten ist.

TROCKEN

bedeutet: nicht süß. Der Fachbegriff besagt, dass der Wein nach der Gärung fast keinen Zucker mehr enthält. Er steht aber auch für die Wahrnehmung fehlender Süße. Allerdings schmecken einige trockene Weine doch so, als würden sie Zucker enthalten. Dafür verwenden wir den Begriff »fruchtig« (s. Seite 22).

MINERALISCH

Geschmack von Steinen und anderen nichtpflanzlichen Komponenten, zum Beispiel Salz. Es gibt endlose Debatten darüber, ob in Weinen mineralische Anklänge vorhanden sind oder nicht – und wenn ja, wie sie da reinkommen. Auf jeden Fall lässt sich nicht leugnen, dass der Geschmack mancher Weine an Feuerstein oder Kalk erinnert.

TIERISCH

Das kann etwas Gutes sein, wenn man zum Beispiel das Aroma von Räucherschinken herausschmeckt. (Bei Syrah kommt das manchmal vor.) Es kann aber auch etwas Schlechtes bedeuten, wenn der Wein nämlich nach verschwitztem Sattel riecht (in der Regel ein Zeichen für problematische Bakterien) oder wie ein nasser Hund (der Wein könnte »korkeln«, s. Seite 54).

GERBSTOFFE/ TANNINE

Gerbstoffe oder Tannine sind natürliche, leicht bittere chemische Verbindungen, die in Weintrauben enthalten sind. (Wenn es sich nach einem Schluck Wein am Gaumen leicht kratzig und trocken anfühlt, ähnlich wie beim Teetrinken – das sind die Tannine.) Die unterschiedlichen Traubensorten enthalten mehr oder weniger Gerbstoffe. Während der Verarbeitung der Trauben lässt sich festlegen, wie viel Gerbstoff ihnen entzogen werden soll.

RUSTIKAL

Einer dieser heiklen Begriffe, der im Grunde genommen bedeutet, dass der Wein nicht »elegant« ist. Im späten 20. Jahrhundert galt das meistens als unerwünscht. Heutzutage zeigen viele Weintrinker mehr Sympathie für kantige Weine.

REGEL 6

»Fruchtig« und »süß« bedeuten nicht dasselbe.

* Riesling und einige andere weiße Rebsorten wie Chenin Blanc können in unterschiedlichen Stilistiken vinifiziert werden: trocken, süß oder etwas dazwischen (halbtrocken, beziehungsweise »demi-sec« auf Französisch und »half-dry« auf Englisch).

** Ganz anders als zeitgenössischer Chardonnay aus der Neuen Welt. Viele Chardonnays – zum Beispiel in Australien, aber auch in Kalifornien – werden heutzutage in einem trockeneren, weniger fruchtigen Stil produziert.

In Bezug auf Wein haben die Wörter »süß« und »trocken« eine spezifische, fachsprachliche Bedeutung, die mit dem Begriff »Restzucker« zusammenhängt. Bei der Weinherstellung wird Zucker aus den Trauben in Alkohol umgewandelt. In der Regel der ganze Zucker, aber manchmal bleibt ein bisschen übrig: der Restzucker. Kein Restzucker? Dann haben wir einen trockenen Wein. Ein klein wenig Restzucker? Dann dürfte er süß sein. (Die unterschiedlichen Spielarten von Riesling* sind ein großartiges Beispiel dafür, wie aus einer Rebsorte sehr unterschiedliche Weine produziert werden können – von knochentrocken bis sehr süß.)

Das bedeutet also, dass Wein nach Früchten schmecken kann, obwohl er vollkommen trocken ist (also keinen Restzucker enthält). Er kann auch nach anderen Dingen schmecken – mineralisch, nach Kräutern, sogar tierisch –, auch wenn er noch ein klein wenig Zucker enthält. Fruchtig ist nicht unbedingt dasselbe wie süß, und pikant muss nicht unbedingt trocken bedeuten. Häufig ist das Ganze noch komplizierter, weil einige angeblich »trockenen« Weine trotzdem eine ganze Menge Restzucker enthalten, wie es zum Beispiel beim alten buttrigen Stil kalifornischer Chardonnays** oder bei einigen modernen Rotwein-Cuvées der Fall ist.

FRUCHTIG

- Weißer Zin(fandel)

- Zinfandel
- Argentinischer Malbec
- Viognier
- Cru Beaujolais
- Albariño
- Richtig trockener Rosé

- Die meisten Rosés
- Chardonnay »mit Holz«**

- Sauternes
- Banyuls

- Die meisten Weißweine von der Rhône
- Eiswein
- Trockener Riesling
- Riesling Spätlese
- Pinot Noir aus der Neuen Welt
- Trockene Weißweine von der Loire*
- Ruby/Vintage Port
- Merlot aus der Neuen Welt
- Roter Burgunder

SÜSS ← → TROCKEN

- Cabernet aus der Neuen Welt
- halbtrockener Riesling
- Roter Bordeaux
- Rotweine von der Loire

- Sauvignon Blanc aus der Neuen Welt

- Weißer Burgunder

- Traditioneller Syrah

- Tawny Port
- Chablis

- Muscadet

- Madeira

PIKANT

- Weißweine von Santorini
- Sherry (trocken)

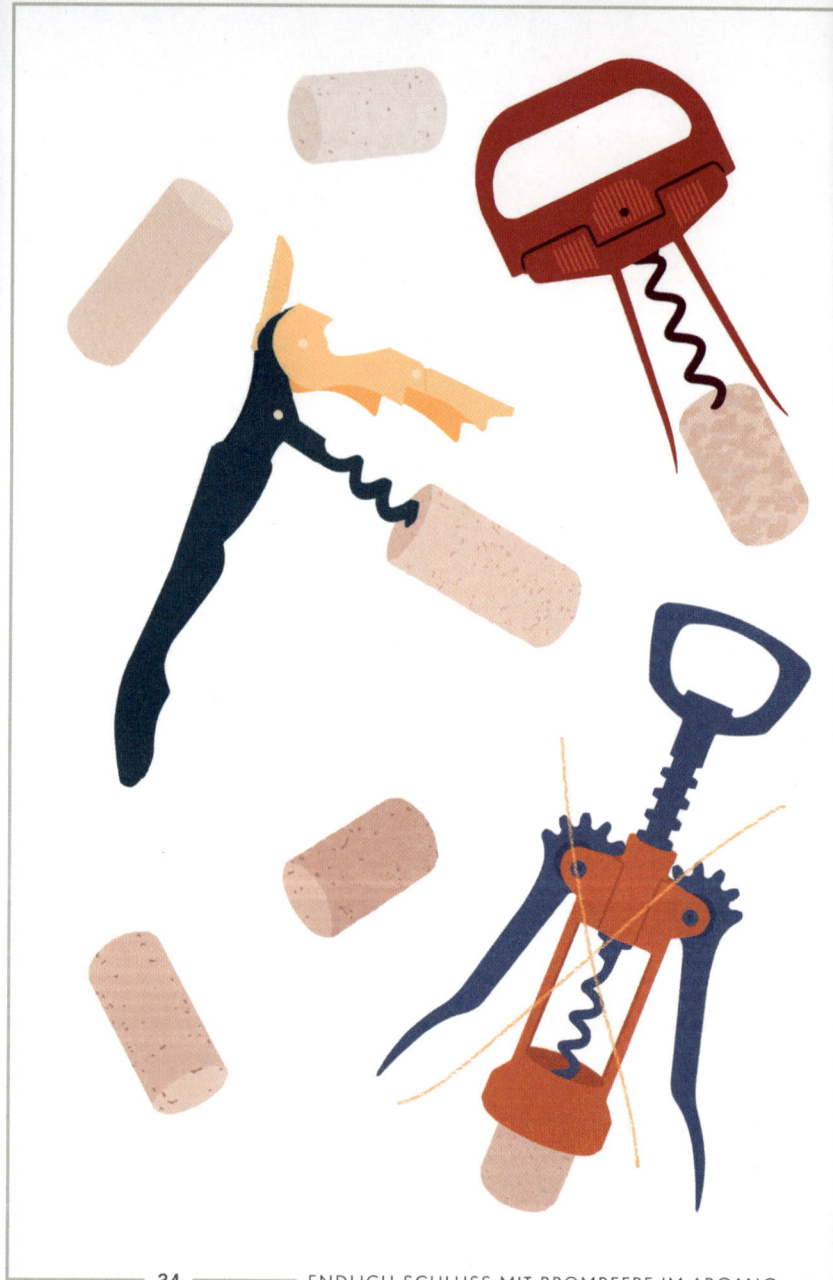

Das Hilfsmittel, das als »Kellnermesser« bekannt ist, ist der einzige Korkenzieher, den Sie je brauchen werden. Es hat genau die richtige Hebelwirkung, einen Folienschneider und (meistens) ist die Spindel aus Silikon oder einem nichtmetallischen Material, dringt leicht in den Korken vor und bleibt dann drin. In der Regel kostet der Spaß weniger als 10 Euro.

Flügelkorkenzieher sieht man zwar überall, aber ich kann sie nicht ausstehen! Sie sind relativ instabil, wenn man sie in den Korken drehen möchte. Oft wird daraus ein einziges aufwendiges Gefummel. Und wenn der Korkenzieher scharfe Kanten hat, kann er den Korken ganz oder teilweise zerstören.

Wenn Sie richtig profimäßig sein möchten, können Sie sich einen Federzungen-Korkenzieher für alte brüchige Korken zulegen. Er wird zu beiden Seiten des Korkens in den Flaschenhals gesteckt und hält den Korken beim Herausziehen zusammen. Und wenn Sie in Ihre Profiausstattung richtig was investieren möchten: Der »Durand« (oben rechts abgebildet) kombiniert die Vorteile eines klassischen Korkenziehers mit denen eines Federzungen-Korkenziehers, um fragile Korken besonders gut zu extrahieren.

REGEL 7

Den Korkenzieher, der alles kann, was Sie brauchen, bekommen Sie für weniger als 10 Euro.

REGEL 8

Wein wie ein Profi zu öffnen, ist wirklich nicht schwer.

* Nachdem Sie die erste Flasche Wein getrunken haben, wird Ihnen der Ablauf schon viel einfacher von der Hand gehen (oder sich zumindest so anfühlen).

Das lernen Sie in wenigen Schritten.*

❶ Wenn möglich, die Flasche auf eine stabile Oberfläche in Hüfthöhe stellen. (Mit ein bisschen Übung kann man die Flasche auch in der Hand halten.)

❷ Mit einem Messer oder dem Folienschneider des Kellnermessers die Folie (Kapsel) über oder unter der kleinen Kante am Flaschenhals abschneiden.

❸ Die Spindel leicht angewinkelt in den Korken stecken. So dringt sie am besten in den Korken vor.

❹ Sobald die Spindel im Korken steckt, sollte die Flasche nicht mehr bewegt werden, nur noch der Korkenzieher. Die Spindel in den Korken drehen und dabei aufrichten, bis sie nur noch eine halbe Umdrehung davon entfernt ist, komplett und gerade im Korken zu stecken.

❺ Den ersten Teil des Hebels (wenn Ihr Korkenzieher zwei hat) auf den Rand der Flaschenöffnung setzen. Nach oben ziehen, dann den zweiten Hebel auf den Rand setzen ...

❻ ... und nach oben ziehen, bis der Korken fast vollständig extrahiert ist.

❼ Den Korken *vorsichtig* entfernen, wenn nötig per Hand.

❽ Den Korken von der Spindel drehen. Schließlich gießen Sie sich rasch einen winzigen Schluck ein – nur um sicherzugehen, dass der Wein auch wirklich ok ist.

Schaumwein zu öffnen wie ein Profi, ist sogar noch einfacher.

Den Korken *niemals* herausschießen lassen, es sei denn, Sie möchten Wein verschwenden (und obendrein jemandem eventuell ein Auge rausschießen). Stattdessen die Agraffe (das Drahtgestell um den Korken) aufdrehen und leicht lockern, aber auf dem Korken lassen. Dann diese vier einfachen Schritte befolgen:

❶ Korken und Agraffe stabil in einer Hand halten, mit der anderen Hand den Flaschenboden packen. (Für bessere Kraftübertragung die Flasche – oder den Korken – mit einem kleinen Tuch umwickeln.)

❷ Die *Flasche* vorsichtig und langsam hin und her drehen und dabei Korken und Agraffe fest und stabil halten.

❸ Während man die Flasche hin und her bewegt, von oben leichten Druck auf den Korken ausüben. Das Gas in der Flasche wird den Korken nach oben drücken.

❹ Wenn der Korken fast vollständig aus der Flasche gekommen ist, etwas mehr von oben darauf drücken. Er sollte sich mit einem sehr leisen Zischen aus der Flasche lösen, nicht mit einem Plopp. Mit ein bisschen Übung geht das ganz leicht!

REGEL 10

Befolgen Sie folgende vier Tipps, um das Ausschenken von Wein zu meistern.

❶ Den Wein nicht ins Glas platschen lassen.

❷ Vorsichtig eingießen, aber nicht schüchtern.

❸ Das Glas nur zur Hälfte füllen. Nachgeschenkt werden kann immer (s. Seite 88).

❹ Die Flasche beim Aufrichten aus dem Handgelenk leicht drehen, damit nichts tropft. Es ist auch keine schlechte Idee, ein Küchentuch oder eine Serviette in der anderen Hand zu halten, um den Flaschenrand abzuwischen, damit nichts tropft. (Es hat einen Grund, warum Sommeliers das tun.)

REGEL 11

Weinliebhaber brauchen nur fünf essenzielle Hilfsmittel.

* Zirkuspionier und US-amerikanischer Politiker, »König des Humbugs«.

P. T. Barnum* fände all die »bahnbrechenden« und völlig nutzlosen Hilfsmittel für Wein wahrscheinlich atemberaubend: mechanische Flaschenöffner, »magische« Belüfter und »Wunderstäbe«, Vorrichtungen, um »sofortige Reife« zu bewirken, sogar elektronische Dekanter. – Das meiste davon ist Müll.

Wenn Sie sich schon Wein-Accessoires anschaffen möchten, ziehen Sie lieber – neben guten Weingläsern (s. Seite 98) und einem Korkenzieher (s. Seite 25) – die auf der nächsten Seite aufgelisteten Gegenstände in Erwägung.

❶ GESCHIRRABTROPFKORB FÜR GLÄSER

Sollte auf der Arbeitsfläche Platz finden. Spülen Sie Stielgläser nicht in der Spülmaschine. (Nur bei billigen Weingläsern ist das kein Problem.) Die Stiele könnten brechen und die chemischen Verbindungen, die in vielen Spülmitteln für die Maschine enthalten sind, Flecken und Striemen auf den Gläsern hinterlassen. (Stattdessen einfach mit einem milden Spülmittel und einer Spülbürste spülen; s. Punkt 2).

❷ GUTE SPÜLBÜRSTE FÜR GLÄSER/DEKANTER

Es gibt spezielle Bürsten, mit denen man die Gläser innen schonend säubern kann. Den (fettigen) Spülschwamm für das übliche Geschirr lassen Sie, wo er ist.

❸ NEOPREN-TRAGETASCHEN

sind unverzichtbar, um den Wein durch die Stadt zu tragen, besonders wenn man mit dem Fahrrad/der U-Bahn/zu Fuß unterwegs ist. Noch besser: Kaufen Sie gleich mehrere.

❹ CHAMPAGNER-VERSCHLUSS

Gute Verschlüsse werden um den Flaschenhals geklammert oder schnappen dann ein, sodass das in der Flasche gefangene Kohlendioxid den Schaumwein frisch hält.

❺ FOLIENSCHNEIDER (KAPSELSCHNEIDER)

Sie können auch ein relativ stumpfes Messer verwenden (wie ich zugegebenermaßen), aber wenn Sie öfter Wein aufmachen, sorgt der Folienschneider dafür, dass die Weinflasche auf dem Tisch deutlich besser aussieht.

2

IN DER FLASCHE

Machen Sie sich mit den unterschied- lichen Schat- tierungen von Weiß und Rot vertraut – und allem, was da- zwischenliegt.

Wein ist heutzutage nicht nur weiß und rot. Rosé wird inzwischen mindestens ebenso ge- schätzt wie Weißwein. (Und das ist auch rich- tig so.) Es gibt orangefarbene Weine (»Orange- Wines«), die auf der Maische vergoren werden und die, wie Rosé, irgendwo zwischen Weiß- und Rotwein liegen. Es gibt oxidative Weine (s. nächste Seite), zum Beispiel Sherry und viele Weine aus der französischen Region Jura, sowie Weine die während der Weinbereitung in Gefäßen wie Amphoren lange Zeit Luft ausgesetzt sind. Deshalb sollten Sie »den Regenbogen trinken« – Wein in seinen sämt- lichen Schattierungen (s. Seite 12).

Hier ein paar kurze Hilfestellungen:

WEISSWEIN

In der Regel aus weißen Trauben hergestellt, aber auch aus gleich nach der Lese ge- pressten roten Trauben kann ein Blanc de Noir (wortwörtlich »weiß aus schwarz«) als Still- oder Schaumwein gewon- nen werden. Gekeltert (gepresst) wird kurz nach der Lese, um den Schalen oder Samen nicht zu viele Pigmen- te oder Phenole zu entziehen. Die Trauben (beziehungsweise Weinbeeren) können aber auch kurz im Most ziehen gelassen werden (sogenannter Schalenkontakt), um für vielschichtigere Aromen und mehr Textur zu sorgen.

ROTWEIN

wird aus blauen Trauben gewonnen, manchmal kommen auch ein paar weiße dazu. Der Most (Saft) muss in Kontakt mit den Schalen bleiben, damit der Wein Farbe und Struktur bekommt. Die Pressung (das Keltern) findet in der Regel eine bis vier Wochen nach dem Quetschen der Trauben statt. Bei der Produktion bestimmter Weine beginnen die Trauben zu gären, ohne vorher vermaischt worden zu sein, da die unteren Trauben von den darüber liegenden zerdrückt werden.

ROSÉ

wird vor allem aus blauen Trauben (Rotweintrauben) gewonnen, entweder nach einer kurzen Maischezeit (daher die rosa und nicht rote Farbe) oder indem leicht gefärbter Most (Saft) aus einem Fass rotem Most ohne Pressung abgelassen und dann vergoren wird. Ganz selten wird Rosé auch durch das Mischen von Weiß- und Rotwein hergestellt.

»ORANGE WINE«

Wein aus weißen Trauben, der wie ein Rotwein bereitet wird – mit wochen- oder monatelangem Schalenkontakt, damit er Textur und einen tieferen Farbton bekommt. Dieser Prozess kann, muss aber nicht, oxidativ sein.

OXIDATIV

Wein, der im Herstellungsprozess zeitweise Sauerstoff ausgesetzt ist. Der Kontakt mit Sauerstoff, besonders vor der Gärung, kann den Wein gegen spätere Sauerstoffschäden schützen. Das Gleiche gilt für eine verwandte Technik, den biologischen Ausbau*. Zur Produktion einiger Sherrys und vieler Weine, die in altmodischen Gefäßen wie Amphoren aus Lehm hergestellt werden, spielt oxidative Reifung eine Rolle.

SCHAUMWEIN

Wein mit Bläschen (s. Seite 36)

---

* Zum biologischen Ausbau gehört die Bildung eines schützenden »Schleiers« aus Hefe auf der Oberfläche des reifenden Weins.

Schaumwein ist nicht gleich Schaumwein.

Es gibt verschiedene Methoden, schäumende Bläschen in den Wein zu kriegen. Sie führen (Warum auch nicht?) zu qualitativ unterschiedlichen Ergebnissen. Es lohnt sich, die unterschiedlichen Methoden zu kennen, damit man zum Beispiel weiß, dass Prosecco sich in der Regel von Cava unterscheidet.

Eine Bemerkung zum Druck: Nicht alle Schaumweine sind gleich spritzig. Der CO_2-Gehalt (allgemein gilt: je mehr CO_2, umso spritziger) kann sehr variieren. Champagner hat in der Regel fünf bis sechs Bar. Viele Champagner sind heutzutage weniger spritzig, damit die Aromen besser zur Geltung kommen. Prosecco hat oft weniger Druck. »Frizzante« (oder »pétillant«) – also genau genommen Perlwein – kann bis zu 2,5 Bar haben. Noch mehr Druck, und wir haben einen Spumante beziehungsweise Mousseux.

Eine Bemerkung zum Zucker: Den meisten Schaumweinen wird etwas Zucker zugefügt, die »Dosage«, um sie etwas weicher zu machen. Daher wird Champagner häufig als »brut« deklariert, was dem Gesetz nach bedeutet (zumindest in Europa), dass pro Liter Wein zwölf Gramm Zucker enthalten sind – obwohl es da Spielraum gibt. »Extra brut« bedeutet sechs Gramm Zucker oder weniger und »brut nature« heißt, dass kein Zucker zugefügt wurde. Schaum- und Perlweine mit den Angaben »extra dry/trocken«, »trocken«, »demi-sec« und »doux« werden (verwirrenderweise) schrittweise *süßer*. Die meisten Weingüter in den USA folgen diesen Richtlinien – obwohl es keine offiziellen Regeln zur Kennzeichnung gibt.

CHAMPAGNER-METHODE (»TRADITIONELLE« METHODE)

Die Flaschen werden mit einem »Grundwein« gefüllt, dann Zucker und Hefe zugefügt, sodass eine zweite Gärung in der Flasche stattfindet, bei der die Bläschen entstehen. Ausgedehnte Flaschenreife – in der Champagne mindestens 15 Monate, oft deutlich länger – macht die Bläschen fein und verleiht dem Wein aromatische Tiefe. Der Prozess schließt in der Regel mit dem »Dégorgement« ab, dem Entfernen der Feinhefe, und manchmal der »Dosage«, also dem Zufügen von ein klein wenig Zucker.

MÉTHODE CHARMAT (TANKGÄRVERFAHREN)

Der Grundwein wird in einen großen Tank gegeben sowie Hefe und Zucker zugefügt. Die zweite Gärung findet im Tank statt, danach wird der Schaumwein in Flaschen abgefüllt. Wird für einfachere Schaumweine verwendet, zum Beispiel meistens für Prosecco.

KARBONISIERUNG (IMPRÄGNIERVERFAHREN)

Dabei wird Stillwein in einem Tank unter Druck CO_2 zugefügt. Diese Methode wird für relativ günstige Weine angewendet (und eine Handvoll Avantgarde-Projekte, wie den kalifornische Blowout).

MÉTHODE ANCESTRAL (PÉTILLANT NATUREL)

Bei dieser Methode findet keine zweite Gärung statt, stattdessen wird der gärende (oder gerade in der Gärung pausierende) Most in Flaschen abgefüllt, sodass die während der ersten Gärung entstehenden CO_2-Bläschen in der Flasche gefangen werden. So können die auf natürliche Art im Weinberg und im Keller verkommenden Hefen genutzt werden (statt kommerziell erhältlicher Zuchthefen, die dem Most zugefügt werden). Bevor die Pét-Nats* in Mode kamen, wurde diese Methode in Limoux und Bugey praktiziert.

---

* Was genau einen Pét-Nat ausmacht, ist umstritten, da bei einigen modernen Versionen der Methode Ancestral ein Dégorgement nötig ist, manchmal sogar das Zufügen von Hefen. Einige Puristen bestehen darauf, dass Pét-Nats nicht dégorgiert werden dürfen.

»Aus Bio-Trauben« bedeutet genau das: Die
Trauben stammen aus biologischem Anbau,
und dafür muss es in der Regel ein entsprechendes Zertifikat geben. (Viele Weinproduzenten verwenden jedoch biologisch angebaute
Trauben, die nur kein entsprechendes Zertifikat
haben.) Biowein und Bio-Trauben sind nicht
dasselbe. Ein Biowein-Zertifikat schließt auch
die Kellerpraktiken ein, zum Beispiel verschwin-
dend geringen Einsatz von Schwefeldioxid als
Konservierungsmittel. Die Vorgaben für biody-
namischen Weinbau sind noch strenger, und Or-
ganisationen wie Demeter und Biodyvin können
entsprechende Zertifikate vergeben. Allerdings
gibt es auch hier eine steigende Anzahl von
Weinproduzenten, die biodynamische Prakti-
ken anwenden, die Zertifizierung aber scheuen.
Zertifizierte biodynamische Weine setzen strenge
Regeln im Keller voraus, zum Beispiel dürfen
keine technischen Methoden zur Reduktion des
Alkoholgehalts eingesetzt werden. »Nachhaltig«
bedeutet meistens nicht viel. Der Begriff »Naturwein« (s. Seite 41) ist komplizierter, denn es gibt
keine feste Definition. Allerdings hat sich Naturwein zu einer beliebten Kategorie entwickelt. Im
Allgemeinen versuchen dessen Anhänger, bei
der Weinproduktion Zugaben und Eingriffe zu
minimieren. Was genau das bedeutet, wird aber
unterschiedlich interpretiert.

REGEL 14

**»Bio« und »bio-
dynamisch«
haben ganz
spezifische
Bedeutungen.
Naturwein
ist noch mal
etwas anderes.**

»Malolaktisch« hört sich nach dem kompliziertesten aller Wein-Fachbegriffe an. Aber die Sache ist ganz einfach.

Oft hört man Weinliebhaber über »malolaktische Gärung« sprechen – »biologischer Säureabbau« ist präziser – oder einfach über »Malo« beziehungsweise »BSA« (*B*iologischer *S*äure-*A*bbau). Sie findet statt, wenn die im Wein enthaltene Äpfelsäure von Bakterien, die natürlich vorkommen oder vom Kellermeister zugesetzt werden, in die stabilere Milchsäure umgewandelt wird.

Weine, die die malolaktische Gärung durchlaufen haben, können cremiger sein. Für die meisten Rotweine und viele Weißweine ist dies aber auch ein natürlicher Vorgang.

Eine Zeitlang glaubte man, dass Weißweine – vor allem Chardonnay – durch BSA zu rund und weich würden. Daher wurde die malolaktische Gärung im Keller gestoppt, um frischere, säurehaltigere Weine zu produzieren. (In der Regel bedeutete das auch, dass der Wein gefiltert werden musste, um stabil zu bleiben.) Heutzutage gibt es hier aber keine festen Regeln mehr. Ein Chardonnay, der die malolaktische Gärung durchgemacht hat, kann saurer schmecken als einer ohne BSA.

Einerseits deutet der Begriff häufig darauf hin, dass ein Wein milder, cremiger und weicher ist. Allerdings haben andere Arten Säure (zum Beispiel die viel stabilere Weinsäure) einen größeren Einfluss auf Geschmack und Textur eines Weins.

Die meisten Weine sind »natürlich« in dem Sinne, dass es sich um vergorenen Traubensaft handelt, ohne künstliche Aromen oder Zusatzstoffe.

Dann wird es aber komplizierter. Die Vorstellung, dass für die Weinproduktion einfach Trauben gepresst und der so gewonnene Saft vergoren wird, ist veraltet – und naiv. Der Prozess der modernen Weinproduktion beinhaltet Feinabstimmungen und häufig auch Veränderungen der chemischen Eigenschaften des Weins. Das kann handwerklich geschehen, ist aber häufig ein industrieller Vorgang.

Dazu gehört häufig die Modifikation des Säuregehalts durch Beigabe organischer Säuren – die natürlich in Wein vorkommen können oder auch nicht (Zitronensäure? Kommt nicht wirklich in Trauben vor) – sowie die Zugabe von Zuchthefen, Hefenährstoffen und Enzymen, um die Gärung zu befördern. Das Konservierungsmittel Schwefeldioxid ist routinemäßiger Teil der Weinproduktion (s. Seite 44). Und die EU erlaubt Dutzende weitere Zusatzstoffe, von Gummiarabikum und Zellulose bis zu Urease.

Auch der Prozess der Reifung von Wein ist manipulativ. Fässer, Stahltanks usw. sind technische Fortschritte, so ähnlich wie Kochen auf dem Herd statt über einem Lagerfeuer.

Wein ist ein Naturprodukt. Aber nicht jeder Wein ist ein Naturwein.

Und Wein wird vor dem Abfüllen regelmäßig aufbereitet, zum Beispiel »geschönt« (kleinere Partikel werden entfernt, indem der Wein durch feines Pulver geleitet wird, beispielsweise Tonerde) und gefiltert. Beides hatte früher einen schlechten Ruf, es hieß, dem Wein würde dadurch Charakter entzogen. Aber keiner dieser Prozesse ruiniert von sich aus die Qualität von Wein. Einige Weine, darunter Sherry und viele Weißweine, die keinen BSA (s. Seite 40) durchlaufen, müssen wenigstens leicht filtriert werden.

All dies wurde eines Tages kritisch gesehen, und so entstand die Naturwein-Bewegung. Es gibt keine Standarddefinition für »Naturwein«. Allgemein werden damit jedoch Weine definiert, bei deren Produktion viele dieser Prozesse vermieden werden. Aber selbst die Anhänger der Naturwein-Bewegung sind sich nicht über die exakten Regeln einig.

Und schließlich wächst das Interesse an veganen Weinen. Bei der Weinproduktion kommen tierische Produkte zum Einsatz (zum Beispiel Störblasen oder Eier zur Schönung), obwohl vegan-freundliche Winzer versuchen, diese zu vermeiden, und »veganen« Wein ohne diese Produkte herstellen. Wie gesagt, es ist kompliziert.

STILE DER WEINPRODUKTION

Radikal »natürlich« Relativ Puristisch Moderat Kommerziell Industriell

ETAPPEN DER WEINPRODUKTION

VOR DER GÄRUNG

Entrappen

Kaltmazeration

Saignée – Ablassen ungepressten Saftes

Zugabe von Säure

Schwefelung (Maische)

Wasser-/Zucker-Zugabe

Lysozym/Antimikrobielle Substanzen

GÄRUNG

Fassgärung

Indigene Hefen (Natürliche Hefen)

Kommerzielle Hefen

Kohlensäuremaischung

Maischegärung

Ganztraubengärung

Zugabe von Enzymen

Temperaturkontrolle

REIFUNG

Zusatzstoffe für Textur

Eichen-Chips/Tannin-Pulver

BSA blockieren

Natürlicher BSA

Mikrooxygenation

Verschneidung

VOR DEM ABFÜLLEN

Megapurple (Traubenkonzentrat)

Velcorin

Schönung

Grundfilterung

Umkehrosmose

Abstich

ABSCHLIESSEND

Schleuderkegelkolonne

Tangentialflussfiltration

Abfüllen

Dégorgement (Schaumwein)

Schwefel (Abfüllen)

Machen Sie sich keine Sorgen wegen der Sulfite ...

»Enthält Sulfite« steht auf fast jeder Weinflasche, weil es sich um natürlich in Wein vorkommende Substanzen handelt. Dass kleine Mengen Schwefeldioxid zugefügt werden, um zu verhindern, dass die Trauben oder der Wein oxidieren und verderben, ist eine historische Tatsache. Und mit »historisch« meine ich, dass diese Praxis bis auf die antiken Römer zurückgeht, die zum Desinfizieren von Weinfässern Schwefeldochte abfackelten.

Sulfite wurden in der Verbindung mit dem Weinkonsum häufig als die Schuldigen an Kopfschmerzen und negativen Auswirkungen auf die Gesundheit identifiziert. Aber nur sehr wenige Menschen, etwa ein Prozent der Bevölkerung, leiden an einer echten Sulfite-Allergie oder -Unverträglichkeit. Die meisten negativen Auswirkungen des Weinkonsums sind auf andere Dinge zurückzuführen. Es kann sich etwa um eine Reaktion auf Histamine, eine Veranlagung zur Migräne handeln – oder damit zu tun haben, dass offensichtlich Alkohol im Spiel ist. (Wenn man eine Schwefelallergie (Sulfite-Allergie) oder Unverträglichkeit hat, bereiten Trockenfrüchte, abgefüllte Säfte, Würzmittel wie Weinessig, viele Konserven und Tee in Pulverform ebenso Schwierigkeiten.)

Eine Reihe Winzer produzieren ungeschwefelte *(sanfs soufre)* Weine. Diese Weine haben oft eine gute Qualität, aber über anekdotische Behauptungen hinaus weist wenig darauf hin, dass sie unerwünschte Auswirkungen auf die Konsumenten haben. (Der Einsatz von Schwefeldioxid beim Anbau von Wein und im Keller scheint sich potenziell allerdings auf die Gesundheit der Weinproduzenten selbst auszuwirken. Das erklärt, warum viele Winzer weniger davon verwenden möchten.) Ein weiterer Mythos: Europäische Weine enthielten weniger Sulfite als Neue-Welt-Weine – allerdings hat die EU niedrigere Grenzwerte festgelegt als die Vereinigten Staaten.

… oder wenn der Wein ein bisschen trübe aussieht. Bei den Kristallen handelt es sich um Weinsäure, die von Natur aus in allen Weinen vorkommt und die sich eventuell absetzt, wenn der Wein schnell heruntergekühlt wird. Sie sind harmlos. Eine Trübung kann bei allen ungefilterten Weinen vorkommen, die keiner Kaltstabilisierung unterzogen wurden – ein Zeichen dafür, dass der Wein vor der Abfüllung nur minimal verarbeitet wurde. (Einige Naturweine sind deutlich trüb, das mindert aber nicht ihre Qualität.)

REGEL 18

… oder wegen der kleinen Kristalle am Boden der Flasche.

Trockener Wein ist nicht so trocken, wie man meinen würde.

»Trocken« ist einer der am häufigsten missbrauchten Wein-Begriffe. Alle glauben, sie würden trockenen Wein bevorzugen, auch wenn er tatsächlich ein wenig Süße aufweist.

Eine Menge Tafelwein, vor allem europäischer, wird als trocken (kein Restzucker, s. Seite 22) kategorisiert. Aber viele beliebte Weine enthalten ein bisschen versteckten Zucker, was oft mit hohen Säurewerten verschleiert wird. Vor allem Weine, die man im Supermarkt kaufen kann, weisen tendenziell mehr versteckten Zucker auf.

Die Stilistik von kalifornischem Chardonnay, die in den Achtzigern des vergangenen Jahrhunderts beliebt wurde, brauchte etwas Restzucker. Beim neuseeländischen Sauvignon Blanc verhält es sich oft ähnlich. Ein beliebter Cabernet aus dem Napa Valley enthält neun Gramm Zucker pro Liter – unter deutschem Weinrecht würde er als halbtrocken gelten.

Zucker und Säure gleichen sich gegenseitig aus, daher werden zum Beispiel in Deutschland und Österreich die Süßegrade in Relation der beiden Faktoren zueinander festgelegt. Was wirklich eine Rolle spielt, ist, wie die Süße des Weins die anderen Aspekte wie Säure, Textur und Geschmack beeinflusst.

Sie müssen also nicht unbedingt auf trockenen Wein bestehen.

Kenner beschweren sich oft darüber, dass einige Weine zu viel Holz haben. (Sie nehmen den von der Eiche stammenden Geschmack der groben Tannine wahr.) Andere mögen den süßen vanilleartigen Geschmack hingegen, der mit in Holz gereiftem Wein in Verbindung gebracht wird.*

Bevor Flaschenabfüllung Verbreitung fand, wurde Wein vor allem in immer wiederverwendeten Eichenfässern transportiert. Erst als die Winzer in Bordeaux und anderswo fanden, dass Wein besser schmeckt, wenn er in neuen (häufig getoasteten) Fässern gereift wurde, wurde es gang und gäbe, jeweils neue Fässer zu kaufen. Und als Kritiker Weine dafür lobten, dass sie nach neuem Holz schmeckten (jedes Mal, wenn ein Fass wiederverwendet wird, trägt das Eichenholz weniger zum Geschmack des fertigen Weins bei), wurde der Kauf neuer Fässer häufige Praxis. Aber die Anzahl der Weine, die von neuem Holz profitieren, ist gering, und viele der besten Weingüter verwenden heute nur leicht getoastete Fässer oder ältere, um den Holzgeschmack zu minimieren.

Heute legen wir den Fokus auf den Geschmack des Weins, nicht auf den des Holzes, obwohl einige Weinproduzenten – vor allem die von billigem Wein – Eichen-Chips und -Späne verwenden, um dem Wein den Eichengeschmack zu verleihen.

REGEL 20

Fixieren Sie sich nicht zu sehr aufs Holz. Ursprünglich diente Holz der Lagerung, nicht dem Geschmack.

* Oft wird über die Eichen-Art debattiert, vor allem darüber, ob es sich um französische oder amerikanische Eiche handelt. Jene wird häufig mit hochklassigem Wein assoziiert, diese mit aggressiveren, adstringierenderen Aromen. Natürlich ist es nie ganz so einfach, vor allem, da inzwischen auch Fässer aus slowenischer oder österreichischer Eiche geschätzt werden, und Winzer weniger auf Eichenaromen Wert legen.

GROSSES HOLZFASS →
Großes Holzgefäß, in der
Regel aus Eichen- oder
Kastanienholz, das im Keller
nach altem Brauch zur Reifung
eingesetzt wird. Bei traditioneller Weinproduktion auch heute
noch gern verwendet.

BETON-»EI« → Eine
moderne Interpretation der
traditionellen Verwendung
von Beton zur Vergärung und
Reifung, die dem Wein eine
bessere Zirkulation ermög-
licht. Wird mittlerweile auch
in zylindrischer oder pyrami-
daler Form hergestellt.

AMPHORE → Historisches
Tongefäß, das zum Transport
und zur Lagerung von Wein
verwendet wurde. Ähnliche
Gefäße (*Qvevri*) wurden zur
Gärung verwendet und sind
heute wieder in verschiedenen
Formen dafür und zur Reifung
in Verwendung.

KLEINES HOLZFASS →
Ein kleineres Gefäß, in
der Regel aus Eichenholz,
das ursprünglich für den
Transport bestimmt war,
heutzutage normalerweise
aber zur Reifung von Wein
verwendet wird.

Säure ist die vielleicht wichtigste Eigenschaft eines Weins.

Häufig konzentrieren wir uns zu sehr auf die Aromen eines Weins. Sie sind wichtig, unter Umständen aber unspezifisch: Wie viele Weine haben Sie schon getrunken, die nach roten Kirschen schmeckten? Außerdem lenken sie von einer der essenziellsten Komponenten von Wein ab – der Säure. (Winzer verwenden viel Zeit darauf, sich Gedanken über den Säuregehalt zu machen.)

Säure macht Wein lebendig und genießbar. Sie lässt uns das Wasser im Mund zusammenlaufen, wenn wir trinken. Ein guter Wein schmeckt nicht scharf, enthält aber ausreichend Säure, um das Essen appetitlicher zu machen. Er ergänzt den sinnvollen Einsatz von Säure (Essig, Ketchup, Zitrone …) beim Kochen.

Säure im Wein wahrzunehmen, ist nicht immer leicht, da sie all das, was wir schmecken, (lediglich) akzentuiert. Wenn die Balance stimmt, unterstreicht sie den Geschmack, ohne selbst hervorzustechen. Häufig gleicht ein wenig Zucker im Wein den Säuregehalt aus – das ist der Grund dafür, dass halbtrockener deutscher Riesling eher fruchtig schmeckt als deutlich süß (s. Seite 22). Selbst kraftvolle Rotweine wie Zinfandel brauchen eine ordentliche Säure, damit die intensiven Fruchtaromen frisch schmecken.

Ein Wein kann fruchtig sein oder herb, aber wie fühlt er sich im Mund an, wenn man ihn kostet? Ist er cremig (dann wurde er vermutlich biologischem Säureabbau unterzogen; s. Seite 40), oder ist er spitz? Falls er Tannine aufweist, sind diese Gerbstoffe subtil oder aggressiv? Wörter wie »weich« sagen nicht viel über Wein aus – außer, dass von irgendeinem Faktor zu viel fehlt. Außerdem, die Dichte eines Weins – wie konzentriert die Aromen und anderen Aspekte sind – ist nicht das Gleiche wie die Textur. Ein Wein kann eine cremige Textur haben, gleichzeitig aber auch wässrig sein.

REGEL 22

Körper ist wahrscheinlich die zweitwichtigste Eigenschaft eines Weins.

Wir gehen automatisch davon aus, dass jede Flasche des gleichen Weins auch gleich schmecken muss. Stimmt nicht. Auch nicht beim gleichen Jahrgang. Das kann folgende Gründe haben: Hitze- oder Lichteinwirkung während der Lagerung, Korkenqualität, Transportbedingungen. Außerdem reift der Wein in der Flasche weiter, und jede Flasche reagiert auch unter den gleichen Bedingungen etwas anders. Transport und Verschluss sind heute weniger problematisch als früher – trotzdem variiert der Geschmack des gleichen Weins unter Umständen je nach Flasche.

REGEL 23

Keine zwei Flaschen Wein sind völlig gleich – auch nicht, wenn es sich um den gleichen Wein handelt.

REGEL 24

Keine Angst vor Süße. (Wirklich nicht!)

* Beide gehören zu den Weinen, die häufig mit dem willkommenen Schimmelpilz Botrytis (Edelfäule) befallen sind, der die Trauben schrumpeln lässt, sodass sowohl die Säurewerte als auch die Süße konzentriert werden.

** Schon vor langer Zeit wurden einige Weine, vor allem aus Frankreich, der »Chaptalisation« unterzogen, d. h. während der Gärung wurde Zucker zugefügt, um die Alkoholwerte zu erhöhen. Eine seltener werdende Praxis, da die Trauben heute häufig früher reifen (Klimawandel).

Mag sein, dass man bei süßem Wein an billigen weißen Zinfandel oder ähnliches denkt, aber ich möchte wirklich nicht, dass Sie denken, Süße in Wein wäre *schlecht*. Einige der großartigsten Weine der Welt sind Süßweine, darunter Sauternes und deutsche Riesling-Spätlese.*

Wir trinken eine Menge anderer zuckriger Sachen – Apfelsaft, Eistee, Limonade –, und Wein hat wenigstens den Vorteil, dass sein Zucker Teil des Naturproduktes ist – theoretisch**. Es ist alles eine Frage der Balance und des persönlichen Geschmacks.

Die eigentliche Frage ist, wann man Süßwein trinkt. Selbst Weinliebhaber antworten darauf in der Regel: nicht so oft. Dessertwein reift häufig unbeabsichtigt in der Flasche, weil wir auf den richtigen Zeitpunkt warten, ihn zu trinken. Einen Dessertwein zum Dessert zu servieren ist übrigens gar nicht so interessant, außer es handelt sich um etwas Leichtes, Anregendes wie Moscato d'Asti. Guter Sauternes kann mit Hummer oder sogar rotem Fleisch serviert werden, solange der Wein nicht zu jung oder zu süß ist. Halbtrockener Riesling passt praktisch immer – auch zu Barbecues oder Pizza. Ehrlich gesagt kann man nichts falsch machen, wenn man Süßwein trinkt, wenn man Lust auf ihn hat.

Ab und an kommt jedem von uns mal eine Flasche fehlerhafter Wein unter – ein Wein, der irgendwie nicht richtig riecht oder schmeckt. Man muss kein Experte für Weinfehler sein und schädlich sind sie auch nicht. Trotzdem lohnt es sich, ein Grundverständnis für die typischen Weinfehler und deren Ursachen zu haben, die auf den Seiten 54 und 55 aufgelistet sind.

Die meisten Profis verschwenden keine Zeit damit, auf den Fehlern herumzureiten – es sei denn, man versucht, sie ihnen als »Charakter« zu verkaufen. Wenn man einen Verkäufer oder Kellner auf einen möglichen Weinfehler aufmerksam machen möchte, fragt man am besten freundlich nach. Einige Fehler rechtfertigen den Austausch der Flasche, bei anderen gibt es keine Gewährleistung.

Wenn Sie lernen möchten, Weinfehler zu identifizieren, bitten Sie einen Einzelhändler oder Gastronomen aus Ihrem Bekanntenkreis darum, Ihnen dabei zu helfen, die typischen Weinfehler zu verstehen. Häufig haben die nämlich fehlerhafte Flaschen herumstehen, die darauf warten, zurückgeschickt zu werden.

Sagen Sie Bescheid, sobald Sie das Gefühl haben, dass etwas nicht stimmt. Kunden, die versuchen, halbleere Flaschen zurückzugeben oder zurückgehen zu lassen, sind nicht unbedingt gern gesehen.

REGEL 25

Gelegentlich ist mal eine Flasche Wein fehlerhaft. So ist das Leben. Lassen Sie sich davon nicht den Tag verderben.

KORKSCHMECKER / KORKTON

Der Wein ist mit TCA oder TBA verunreinigt, das sind mit Chlor und Brom verwandte chemische Verbindungen. Diese Stoffe kommen in der Rinde der Korkeiche vor und entstehen unter Umständen als Reaktion auf bestimmte Reinigungsprodukte. In den meisten Fällen ist der Korkschmecker auf den Korken zurückzuführen. In seltenen Fällen kann das Problem im Weingut selbst entstehen.

→ SYMPTOME: **riecht und schmeckt wie nasse Pappe, nasser Hund oder eine feuchte Höhle.**

MADEIRISIERT

Der Wein war übermäßigen Temperaturen ausgesetzt und hat seine Frische verloren, wirkt wie »gekocht«. Ein paar Weine, insbesondere Madeira, werden absichtlich so produziert. Geschieht das jedoch unbeabsichtigt, ist der Begriff negativ besetzt.

→ SYMPTOME: **riecht und schmeckt abgestanden, wie alte Rosinen oder Trockenfrüchte.**

OXIDIERT

Der Wein war zu sehr Sauerstoff ausgesetzt.

→ SYMPTOME: **ein ranziger oder »ermüdeter« Geschmack.**

BRETTANOMYCES (BRETT)

Natürlich vorkommende Hefe, die bei der Produktion mancher Biere mit positiver Wirkung eingesetzt wird, bei Wein in der Regel aber unangenehm ist – obwohl einige Menschen sie in kleinen Mengen als angenehm empfinden. Einen Wein, der deutlich »Brett« hat, kann man nicht wirklich zurückgehen lassen, aber man kann auf jeden Fall das Urteil der Person infrage stellen, die einem den Wein verkauft hat.

→ SYMPTOME: **riecht und schmeckt wie ein Bauernhof, Pflaster oder wie die weniger angenehmen Sachen, die ein Pferd so mit sich bringt.**

REDUKTIONSBOUQUET / REDUKTIV

Der Wein enthält Schwefelverbindungen (meistens durch den Sauerstoffmangel während der Weinproduktion verursacht), die Geruch und Geschmack beeinflussen. Reduktionsbouquet kann natürlich vorkommen (ein Mangel an Sauerstoff schützt den Wein) und sich mit der Zeit in Luft auflösen. Wenn davon gesprochen wird, dass sich ein Wein »öffnet«, ist häufig genau das gemeint. Manchmal sind die Verbindungen aber *gebunden*, d. h. sie verschwinden nicht.

→ **SYMPTOME: riecht nach Abwasser, Zwiebeln, verdorbenen Eiern oder frisch angezündeten Streichhölzern – alles, was man mit Schwefel in Verbindung bringen würde.**

MÄUSELN

Ein ausgeprägtes Aroma, das häufig durch chemische Verbindungen verursacht wird, die durch die Präsenz von Lactobacillus oder Brettanomyces entstehen, und das den eigentlichen Geschmack des Weins überwältigt. Offenbar tritt dieser Fehler am häufigsten bei ungeschwefelten Weinen auf, vor allem bei denen, die früh abgefüllt wurden.

→ **SYMPTOME: häufig als »Mäusekäfig« beschrieben, erinnert an feuchte Kräcker, abgestandene Tortillachips oder Cornflakes. Tritt häufig im Abgang zum Vorschein.**

KÄSELN

Tritt auf, wenn eine klare Weinflasche durch Sonnenlicht oder künstliches Licht (im blauen oder ultravioletten Spektrum) beeinträchtigt wird, sodass chemische Verbindungen wie Dimethyldisulfid entstehen. Vor allem bei Rosé und Schaumweinen vorhanden. Bisher allgemein noch kein großes Thema, wird in der Branche aber zunehmend als Problem erkannt, sodass klare Flaschen seltener verwendet und die Weine öfter dunkel gelagert werden.

→ **SYMPTOME: riecht faulig, nach Knoblauchschalen, Abwasser, gekochtem Kohl.**

WEITERE FEHLER SIND

flüchtige Säure (essigähnliche Aromen), Ethylacetat (Nagellackentferner), Abfüllschock/Flaschenkrankheit (unterdrückte Aromen) und bakterielle Verunreinigung (volle Windeln und andere unangenehme Aromen).

3

DIE AUSWAHL

REGEL 26

Der Preis eines Weins spiegelt selten seine Qualität wider.

Viele schwer zu durchschauende Faktoren – von den Kosten der Rebfläche bis zum Ruf einer Region – spielen bei der Preisgestaltung eine Rolle. Und selbstverständlich hängt es auch vom Konsumenten ab, welchen Wert er dem Wein beimisst.

Einige Weine (z. B. aus Australien, Chile oder unbekannteren Anwesen aus dem Bordeaux) bieten mehr, als man für den Preis erwarten würde. Anderer Weine kosten weit mehr, als sie tatsächlich wert sind (kalifornische »Kult«-Weine, einige Burgunder …). Der erste Fall ist natürlich jedem von uns lieber – aber es gibt Fälle, die es sinnvoll erscheinen lassen, etwas mehr auszugeben.

EIN PAAR DINGE, DIE MAN IM HINTERKOPF BEHALTEN SOLLTE

→ Es ist schwer, Weine für unter acht Euro zu finden, die unverwechselbar sind und mit Sorgfalt produziert wurden. Noch schwerer wird das bei Weinen für unter fünf Euro. Unter 15 Euro wird die Sache einfacher.

→ Weltweit gibt es nur wenige Orte, die einen Wein, der über 100 Euro kostet, rechtfertigen. Zahlen Sie so viel nur, wenn Sie vorher Ihre Hausaufgaben gemacht haben. (Nicht einfach nur die Bewertungen ansehen.)

→ Das beste Preis-Leistungs-Verhältnis bekommt man bei Weinen von Orten, die nicht mehr in Mode sind. Ihre Freunde wundern sich vielleicht kurz – der Geschmack wird sie aber überzeugen (s. Seite 77).

Da es weltweit buchstäblich Tausende verschiedene Rebsorten gibt, ist es wichtig, sie klassifizieren zu können. Das kann eine komplexe Aufgabe sein (die Stammbäume von Rebstock-Kultivaren können genealogisch ein Fass ohne Boden sein), auf den Seiten 60 und 61 werden jedoch einige der wichtigsten Familien aufgelistet, die man genauso wie ihre bedeutendsten Familienmitglieder kennen sollte.* Verstehen Sie die Liste als Einführung in die Struktur dieses Universums.

REGEL 27

Es gibt unterschiedliche Familien von Rebsorten. Hier einige der bedeutendsten.

* Es gibt auch einige kleinere Familien, z. B. Jura (Savagnin, Trousseau, Poulsard) und Port (Touriga Nacional, Tinta Roriz [alias Tempranillo]). Wie Sie sich vielleicht schon denken können, sind die Familienverhältnisse von Rebsorten ebenso kompliziert wie die von uns Menschen.

BORDEAUX

Cabernet Sauvignon, Merlot, Cabernet Franc, Malbec, Petit Verdot, Sauvignon Blanc, Semillon, Muscadelle

BURGUND

Pinot Noir, Chardonnay, Gamay Noir, Aligoté, Pinot Gris, Pinot Blanc

RHÔNE UND SÜDFRANKREICH

Syrah, Grenache, Mourvèdre, Marsanne, Roussanne, Viognier, Grenache Blanc, Counoise, Vermentino, Muscat, Carignan, Clairette, Picpoul

LOIRE

Chenin Blanc, Melon (Muscadet), Grolleau, Cabernet Franc, Côt

NORDITALIEN

In Italien gibt es Hunderte autochthoner Rebsorten – weit über 500 sind dokumentiert. Einige der essenziellen Rebsorten aus dem Norden sind Nebbiolo, Sangiovese, Corvina, Lagrein, Ribolla Gialla, Sauvignon Blanc, Pinot Grigio, Cortese, Vermentino, Garganega (Soave), Moscato, Lambrusco (viele Untervarietäten), Barbera, Dolcetto, Glera (Prosecco), Schiava

SÜDITALIEN

Nero d'Avola, Montepulciano, Aglianico, Falanghina, Fiano, Greco, Primitivo, Trebbiano, Nerello Mascalese (Etna), Cannonau

DEUTSCHLAND

Riesling, Gewürztraminer, Grüner Veltliner, Blaufränkisch, Zweigelt, Trollinger, Chasselas, Sylvaner

SPANIEN UND PORTUGAL

Tempranillo, Albariño, Mencia, Cariñena, Mataro (alias Monastrell), Touriga Nacional, Garnacha, Palomino, Macabeo und Xarel-lo (Cava), Hondarrabi Zuri (Txakoli), Verdelho, Godello, Baga, Boal, Loureiro, Moscatel, Pedro Ximénez

MITTEL-/OST-EUROPA

Assyrtiko (Griechenland), Xinomavro (Griechenland), Furmint (Ungarn), Plavac Mali (Kroatien), Posip (Kroatien), Rkatsiteli (Georgien), Saperavi (Georgien) und viele weitere

NEUE WELT

Abgesehen vom südafrikanischen Pinotage sind nur wenige Rebsorten typisch Neue Welt, obwohl einige (z. B. Malbec aus Argentinien) stärker mit ihrer zweiten Heimat in Verbindung gebracht werden. Zinfandel (ursprünglich eine kroatische Rebsorte mit Namen Tribidrag) und Shiraz (alias Syrah) sind zwei Beispiele, die faktisch eine neue Identität entwickelt haben.

Wenn Sie hier eine Tendenz zu Westeuropa erkennen, vor allem zu Frankreich, liegt das daran, dass fast alle weltweit angebauten Rebsorten für feinen Wein ursprünglich daher stammen – egal wie kalifornisch sich Cabernet anfühlt, er bleibt ein Immigrant aus dem Bordeaux. Das soll nicht heißen, dass er nicht nach Kalifornien gehört, aber es erklärt seine Wurzeln.

In einigen Fällen beanspruchen mehrere Regionen, der Ursprungsort für eine Rebsorte zu sein. Häufig hängt die Stilistik eines Weins von seiner Herkunft ab – oder der ursprünglichen Inspiration. In Kalifornien gibt es z. B. Cabernet Franc, der sowohl von den Weinen der Loire als auch denen des Bordeaux inspiriert ist – und dann gibt es auch noch eigene Versionen. Darüber hinaus sind einige Sorten in unterschiedlichen Regionen unter unterschiedlichen Namen bekannt. Hier ein paar Beispiele für die vielen Synonyme, die es weltweit gibt:

Zinfandel = Primitivo

Malbec = Côt

Trollinger = Schiava

Pinot Gris = Pinot Grigio

Grenache = Garnacha = Cannonau

Muscat = Moscato = Moscatel

Mourvèdre = Mataro = Monastrell

Carignan = Cariñena

Appellationen sind nicht nur eine Herkunftsangabe, sondern sagen noch viel mehr über einen Wein aus.

Wein-Profis reden gerne über »Appellationen«, bestimmte von der jeweiligen Regierung festgelegte Gebiete, in denen Wein angebaut wird. Nur Wein, der aus Trauben gewonnen wurde, die innerhalb einer Appellation angebaut wurden, darf den Namen der Appellation auf dem Etikett tragen. Der Ort, an dem die Trauben vinifiziert werden, muss nicht in der Appellation liegen – da kann auch ein Lagerhaus in einer Stadt infrage kommen.

Einige Weine tragen die Wörter »Bordeaux« oder »Central Coast« auf dem Etikett, ohne dass sich das zwangsläufig auf einen spezifischen Ort bezieht. Ein Wein »aus Kalifornien« kann aus Trauben gemacht sein, die an einem bestimmten Ort angebaut wurden – oder an 20 unterschiedlichen Orten!

Im Fall von europäischen Weinen können die Appellationen auch vorschreiben, wie ein Wein produziert wird. Daher entscheiden sich einige Produzenten gegen die Angabe einer Appellation auf dem Etikett. Viele französische Naturweine sind einfach nur als »Vin de France« ausgezeichnet, da die Winzer das Reglement der Appellationen nicht befolgen. Andere Appellationen, z. B. Bourgogne Passetoutgrains (eine Mischung aus Pinot und Gamay) schreiben die Traubensorte(n) vor, decken aber eine große geografische Fläche ab.

In anderen Worten, echte europäische Appellationen schreiben eine spezifische Art der Weinproduktion vor – nicht nur die Traubensorte, sondern häufig auch Anbaumethoden, Erträge und genaue geografische Grenzen. Appellationen sind mehr als nur Lagen. Amerikanische Appellationen (offiziell »American Viticultural Areas«, kurz AVAs) geben die geografische Lage an – sonst nichts.

Aus diesem Grund ist es am einfachsten, Weinetiketten aus der Alten Welt vor allem nach der Appellation zu entziffern und solche aus der Neuen Welt nach der Traubensorte – wenigstens meistens. In Frankreich findet man selten den Namen der Rebsorte auf dem Etikett. Also ist es hilfreich zu wissen, dass Chablis immer aus Chardonnay gewonnen wird – zumindest sollte man wissen, wie Chablis schmeckt. Was die Neue Welt betrifft, geht man zunächst von der Rebsorte aus und schaut sich dann an, wo die Trauben angebaut wurden.

Aber so einfach ist es dann eben doch nicht. In vielen Regionen der Alten Welt haben sich inzwischen Mischformen durchgesetzt: In Deutschland beispielsweise finden sich immer noch die Rebsorten auf dem Etikett, obwohl das System der Lagenbezeichnungen hier eines der genauesten der Welt ist.

Morgon 2008

Appellation Morgon Contrôlée
" Côte du Py "

Mis en Bouteille par
Foillard, 69910 Villié-Morgon
Product of France

Roue

vin de France

ENDLICH SCHLUSS MIT BROMBEERE IM ABGANG

Weinetiketten zu analysieren war noch nie einfach. Für Weine aus der Neuen Welt (auf deren Etikett für gewöhnlich die Rebsorte angegeben wird) galten andere Regeln als für Weine aus der Alten Welt. In Europa selbst gab es einerseits Unterschiede zwischen den Angaben auf französischen und italienischen Weinflaschen (meistens bezogen auf die Appellationen) und andererseits den Angaben auf beispielsweise deutschen Etiketten (basierend auf Region, Weinberg/Lage und Rebsorte).

Und das war noch vor dem aktuellen Trend, die Etiketten mit dramatischen Kunstwerken und Grafiken zu versehen – statt mit langweiligen Details wie früher. Die alten Regeln sind für Weine, bei denen die Basisinformationen im Kleindruck angegeben werden, immer noch gültig. Aber allein in Frankreich gibt es Hunderte Weine, die die Appellation nicht mehr auf den Etiketten nachweisen. Stattdessen liest man hier »Vin de France« – plus Fantasienamen.

Heutzutage ist es genau so wichtig, über die Produzenten und ihre Arbeit Bescheid zu wissen, wie die Appellationen zu kennen, da man mit der Wahl eines Weins auch ein modisches Statement abgibt. Um ehrlich zu sein, war das wahrscheinlich schon immer so.

REGEL 29

Die alte Methode, einen Wein nach dem Etikett zu beurteilen, funktioniert nicht mehr.

Hüten Sie sich vor Weinen, bei denen nicht klar ist, woher genau sie kommen.

Der Grund für diese ganze Erbsenzählerei in Bezug auf Orte und Appellationen ist, dass die örtliche Herkunft eines Weins – das *Terroir* – der Hauptgrund dafür ist, dass so viel Aufhebens um Wein gemacht wird. Das Woher spielt eine bedeutende Rolle. Und es gibt viele sogenannte Appellationen, die einfach nichts aussagen. Die »Central Coast« von Kalifornien umfasst Hunderte von Quadratkilometern – für günstige alltägliche Weine geht das in Ordnung, nicht jedoch, wenn man für etwas Einzigartiges bezahlt.

Vorsicht bei Ortsbezeichnungen, die realen geografischen Orten nicht genau entsprechen. »Sonoma Coast« kann fantastischen Pinot Noir hervorbringen, umfasst aber die Hälfte von Sonoma County. Je unspezifischer die Ortsangabe, desto größer die Wahrscheinlichkeit, dass der Wein aus Trauben gemacht wurde, die nicht am selben Ort geerntet wurden – das heißt, dass es sich sehr wahrscheinlich um das Wein-Äquivalent zu Fast Food handelt.

»Erzeugerabfüllung« wird häufig als Indikator für hochwertigeren Wein gesehen – Wein, der von den Menschen gemacht wurde, die auch die Trauben angebaut haben. In Deutschland kann der Begriff aber auch von Genossenschaften verwendet werden, also wenn viele Mitglieder Trauben für eine zentralisierte Vinifizierung beitragen. In vielen Teilen der Welt, darunter Kalifornien und Australien, hat der Grundgedanke der Erzeugerabfüllung nicht mehr viel Bedeutung – vor allem nicht in einer Welt, in der viele der besten Weinerzeuger sich eigene Anbauflächen nicht leisten können und deshalb ihren Sitz in Städten haben, weit entfernt von den Weingütern, mit denen sie kooperieren. Das trifft auch auf Orte wie Kalifornien zu und sogar auf das Burgund, wo Top-Weinproduzenten Trauben zukaufen müssen. (Im Fall des Burgund lässt sich »Domaine« im Grunde genommen mit »Gutsabfüllung« übersetzen, während »Maison« eine Bezeichnung für Handelshäuser ist, die Trauben oder fertigen Wein einkaufen.) Bei deutschem Wein ist das Wort »Gutsabfüllung« hilfreich, da es sich auf Wein von einem bestimmten Produzenten bezieht, der seine eigenen Trauben anbaut und weiß, was mit ihnen passiert. Allgemein kommt es darauf an, wo die Trauben angebaut (s. Seite 62), nicht wo sie vergoren werden.

REGEL 31

»Erzeugerabfüllung« können Sie vergessen.

REGEL 32

Das Wein-Universum weitet sich aus.

In den 1950er- und 1960er-Jahren war es relativ einfach, sich mit Wein auszukennen. Er stammte aus berühmten Orten wie Bordeaux, Burgund und Chianti. Und während sich die Methoden guter Weinbereitung rund um die Erde ausbreiteten, nahm auch die Vielfalt in der Welt des Weins explosionsartig zu.

Die folgenden Jahreszahlen geben nicht an, wann die jeweiligen Regionen entdeckt, sondern ab wann sie bekannt wurden.

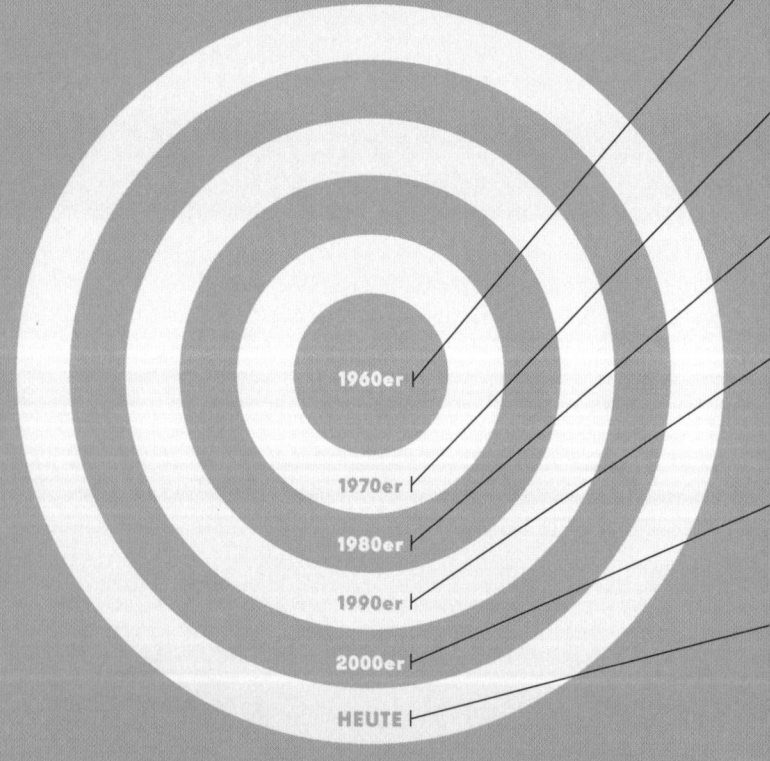

1960er

1970er

1980er

1990er

2000er

HEUTE

1960er – Bordeaux, Burgund und Chablis, Klassische Loire* (Muscadet, Sancerre, Pouilly-Fumé,
Anjou, Chinon/ Bourgeuil), Deutschland, Port,
Madeira, Jerez, Rioja, Champagne, Châteauneuf
du Pape,* Chianti,* Elsass, Frascati

1970er – Kalifornien (North Coast und Sierra
Foothills), Portugal, Provence, Toskana,* Piedmont
(Barolo, Barbaresco, Barbera), Beaujolais, Lam-
brusco, Soave und Orvieto

1980er – Oregon, Kalifornien (Central Coast),
Nördliche Rhône,* Toskana, Soave, das Veneto
und Nordostitalien, Ribera del Duero, Rueda, Vinho
Verde

1990er – Argentinien, Chile, Australien, Griechenland, Washington, Südliche Rhône,* Südafrika
(nach dem Ende der Apartheid), Neuseeland,
Norditalien, Portugal (trockene Weine), Languedoc
und Roussillon

2000er – Österreich, Ligurien, Priorat und weitere
Regionen Spaniens, Sizilien und Süditalien, Kanal-
inseln, Slowenien, Libanon, Jura,* Département
Savoie (Savoyen)

heute – Georgien, »Neues« Australien, Galizien,
Korsika, Arizona, Kanada, Kroatien, »Neues«
Deutschland (Baden, Württemberg etc.), »Neue«
Loire, Japan und noch viel mehr ...

*Nicht alle Regionen
waren unbekannt,
bevor sie populär
wurden – und nicht
alle konnten ihre Popu-
larität aufrechterhalten.
Die nördliche Rhône
war schon seit Jahr-
zehnten für ihre Weine
bekannt, bevor sie in
den 1980er-Jahren
richtig populär wurde.
Ähnlich war es bei Kor-
sika, allerdings findet
man korsische Weine
immer noch nicht so
leicht. Deutschland,
dessen Bedeutung in
der ersten Hälfte des
20. Jahrhunderts groß
war, musste um seine
Popularität kämpfen,
als die Welt des
Weins immer größer
und vielfältiger wurde.
Ähnlich ging es zuletzt
Châteauneuf.

Sie sollten wissen, was »Grand Cru« bedeutet – und wann das wichtig ist.

Grand Cru (»Großes Gewächs«) ist einer der am meisten in Ehren gehaltenen – und komplett verwirrenden – Weinfachbegriffe. Er bezeichnet die bedeutendsten Weinbergslagen und Weine. Allerdings bedeutet er nicht überall das Gleiche.

Premier Cru (»Erste Lage«) ist möglicherweise noch verwirrender. *In der Regel* werden qualitativ hochwertigere Weine so bezeichnet, die eine Stufe unter einem *Grand Cru* liegen. Die Begriffe bedeuten je nach Region:

BURGUND

Hier steht die Definition von *Grand Cru* (fast) außer Frage. Gemeint sind die entsprechend den Appellations-Vorschriften besten Weinbergslagen – bezogen auf die Qualität des Weinbergs; Winzer oder Weingut spielen keine Rolle. Diese Hierarchie ist zwar nicht perfekt, wurde im Laufe Hunderter Jahre aber verfeinert. Im Chablis, dem nördlichen Anhang des Burgunds, hat der Begriff die gleiche Bedeutung.

ELSASS

Hier bezieht sich *Grand Cru* auf die besten Weinlagen, allerdings ist das mit den »Besten« im Elsass so eine Sache, weil es hier 51 *Grand Crus* gibt (gegenüber nur knapp über 30 im Burgund). Einige *Grand-Cru*-Weine aus dem Elsass sind deutlich besser als andere Weine der Region – nicht alle, aber teurer sind sie auf jeden Fall.

BORDEAUX

Hier steht *Cru* für Weingüter, nicht für bestimmte Orte oder *Terroirs* – obwohl die Bordelaiser behaupten könnten, das wäre das Gleiche. Das berühmte System der Klassifikation von 1855 ist in gewisser Weise das Gegenteil von der Praxis im Burgund: Nur die wenigen Top-Weine des »Linken Ufers« (der Flüsse Gironde und Dordogne) gelten als *Premier Crus*, wobei alle fünf Stufen der Klassifikation als *Grands Crus* gelten. (Einige Weine der Ersten Lage, z. B. Château Margaux, sind als *Premier Grand Cru Classé* ausgezeichnet.) Am »Linken Ufer«, in Saint-Émilion, sind die besten Weingüter als *Premier Grand Cru Classé A* ausgewiesen. (*Classé B* gibt es auch.) *Grand Cru* ist hingegen eine relativ bescheidene Stufe. Hört sich verwirrend an? Ist es auch.

CHAMPAGNE

Hier meint *Grand Cru* Trauben aus Ortschaften, die den besten Qualitätsstatus erhalten haben. Ursprünglich basierend auf dem Preis, den die Trauben erzielten. Der Begriff bezieht sich immer noch auf die Ortschaften, nicht auf die Weinberge – das ist genauso ungenau, wie es sich anhört.

DEUTSCHLAND

Die deutsche Version von *Grand Cru*, »Erste Lage«, kennzeichnet Weine von Weinbergen, die in den 2000er-Jahren zu den besten gehörten. Bis vor Kurzem mussten diese Weine auf eine bestimmte Art produziert werden (sehr trocken) und meistens nur aus Riesling. Allerdings ist nicht jeder Winzer dazu bereit. Und das heißt, dass einige der besten deutschen Weine nicht unbedingt als solche gekennzeichnet sind.

ITALIEN

Obwohl die Italiener immer wieder damit drohen, haben sie ein derartiges System bislang vermieden. (Zur Kennzeichnung der Weinqualität wird hier eine Reihe anderer Begriffe verwendet, z. B. *Superiore*, *Classico* und *Classico Superiore*, die ähnlich verwirrend sind.)

NEUE WELT

Bisher gibt es hier kein derartiges System, obwohl immer darüber geredet wird, eins einzuführen, vor allem im Napa Valley. Ein Weingut aus Kalifornien stellte sich als schlecht beraten heraus, als es, »California Grand Cru« auf seine Weinetiketten druckte – um es nur wenig später einzustellen, nachdem man sich überall darüber lustig machte.

Machen Sie sich über den Importeur und den Händler Ihrer Lieblingsweine kundig.

Deutschland hat das Glück, einen großen und stabilen Weinmarkt zu haben, der nur wenigen Einschränkungen unterliegt – im Gegensatz zu den USA, wo der Weinverkauf streng reguliert wird. Es gibt zwar eine Handvoll Firmen, die auf den Import und Verkauf von Wein spezialisiert sind, die meisten Weine aus der EU und darüber hinaus werden aber direkt von den Händlern – inklusive der großen Supermarktketten – eingeführt und verkauft. Das hat den Vorteil, dass die Preise relativ moderat bleiben.

Es lohnt sich, einige der Händler zu kennen, die auf hochwertigere Weine spezialisiert sind, darunter Segnitz, Eggers & Franke, Dallmayer, Hawesko und Schlumberger. Einige haben sich ein spezialisiertes Portfolio aufgebaut, z.B. Alpina mit kalifornischen Weinen oder Lobenbergs mit Weinen aus Frankreich. Andere, wie Viniculture und Vinaturel, sind auf Naturwein spezialisiert. Es lohnt sich auch immer öfter, einen Blick auf die Online-Händler zu werfen, wie Vicampo oder Wine in Black, die eine große Auswahl anbieten können.

Und natürlich können die Konsumenten auch Weine direkt von den heimischen Produzenten beziehen, sodass die inländische Weinbranche eine exzellente Quelle für qualitativ hochwertige Weine zu sehr günstigen Preisen bleibt.

In den meisten Weinläden bekommt man zumindest einen kleinen Rabatt, wenn man zwölf Flaschen oder mehr kauft. Aber kaufen Sie nicht nur einen Wein! Nutzen Sie die Gelegenheit, sich eine Auswahl zusammenzustellen, um unterschiedliche Weine zu entdecken. Noch besser, lassen Sie sich beraten, orientieren Sie Ihre Auswahl an einem Thema: Weißwein für den Frühling, Rotwein für den Strand, geheimnisvolle Rebsorten aus Italien … In den guten Weinläden wird man Ihnen dabei nur zu gerne helfen.

Sie möchten eine ganze Kiste kaufen? Dann kaufen Sie nicht nur eine Sorte.

Weißwein hat oft das beste Preis-Leistungs-Verhältnis.

Weißwein leidet unter dem schlechten Ruf, einfach zu sein. Keine Ahnung, wie es dazu kommen konnte. Und es stimmt auch überhaupt nicht.

Zum einen werden einige der besten Weine der Welt aus weißen Trauben gewonnen – denken Sie an Montrachet aus dem Burgund. Und oft ist das Preis-Leistungs-Verhältnis bemerkenswert (deutsche Moselweine oder die Weine von Santorini in Griechenland, sogar weißer Bordeaux). Bei Weißwein bekommt man häufig mehr Qualität für sein Geld. Und da sie eher günstig sind, lassen sich viel mehr Entdeckungen machen.

Mag sein, dass die Weißweinproduktion früher übermäßig simpel war, heutzutage nehmen die Weinproduzenten sie jedoch sehr ernst. Und moderne Weißweine können eine ebenso breite Spanne an Texturen und Aromen bieten wie Rotweine. Außerdem verursachen die meisten weißen Trauben den Weingütern geringere Kosten und sind einfacher im Umgang, sodass der Konsument mehr für sein Geld bekommt. Und da sich sonst keiner die Mühe macht, viel über Weißwein zu lernen, werden Sie schnell *der* Experte in Ihrem Bekanntenkreis sein.

White Zinfandel, Merlot, Pinot Grigio, Muscadet, Prosecco, Lambrusco. Meistens von minderer Qualität. Langweilig. Massenware.

Allerdings hat jeder dieser Weine eine kleine Anhängerschaft, die ihn sehr in Ehren hält. White Zin, wie er in den USA genannt wird, war früher ein ernsthafter Rosé, und eine Handvoll Kalifornier behandelt ihn heute auch wieder so. Merlot hatte zu Recht in den frühen 2000ern einen schlechten Ruf, aber die Traubensorte ist für einige der besten Weine vom »Rechten Ufer« des Bordeaux verantwortlich, darunter der legendäre Château Pétrus. Die besten Pinot Grigios aus Norditalien und Slowenien weisen alle die Komplexität eines großartigen Burgunders auf. Und mittlerweile wird Prosecco nicht nur für »All you can drink«-Brunches produziert, sondern in einigen Fällen genau so sorgfältig wie Champagner vinifiziert … etc. pp.

Hier ein paar Weine, auf die man möglicherweise verzichten kann – oder auch nicht.

Jeder kann für weniger als 250 Euro den Grundstock für eine Weinsammlung legen.

Weinsammlungen sind nicht nur was für Snobs, und der Aufbau einer solchen Sammlung muss auch nicht schwer sein. Suchen Sie sich ein paar Flaschen aus, die Sie während der nächsten 14 Tage trinken möchten. Kaufen Sie ein paar Flaschen des gleichen Weins, um ihn über ein paar Jahre hinweg immer wieder verkosten zu können, oder kaufen Sie eine gemischte Kiste lagerungsfähiger Weine von unterschiedlichen Orten. Das kann man sich leisten, wenn man sich nicht nur nach entlegeneren Anbaugebieten umsieht, sondern auch bescheidene Weine aus Regionen kauft, von denen man weiß, dass sie sich gut lagern lassen.

Halten Sie nach diesen Weinen Ausschau: Langhe Nebbiolo und Gattinara aus dem Piedmont, die günstiger sind als ihre großen Barolo-Brüder, Randgebiete des Bordeaux (z. B. Fronsac und Bourg), Cabernet Franc und Chenin Blanc von der Loire, Carignan und nuancierterer Zinfandel aus Kalifornien, Chablis und unbekanntere Burgund-Appellationen wie Fixin, Fiano aus Süditalien, Rot- und Weißweine aus aufstrebenden Regionen wie Siziliens Ätna und Ribeira Sacra in Spanien. Und es gibt in einigen Weinländern, wie z. B. Deutschland, ständig großartige Weine zum kleinen Preis – viele der besten Rieslinge der Welt sind schon für unter 25 Euro zu haben.

Wie so ziemlich alles unterliegt auch Wein wechselvollen Moden. Einige Weine – denken Sie an Merlot – gelten eine Zeit lang als uncool. Das ist die beste Zeit, um sie für sich zu entdecken. Häufig werden sie dadurch günstig, und ihre schlechtesten Versionen verschwinden meistens aus den Regalen. (Merlot war lange sehr unbeliebt. Das Gute daran: Er wurde deshalb deutlich besser.)

Eine kurze Liste von Weinregionen, die es sich gerade zu entdecken lohnt: kleinere Produzenten in Australien, Chile, wärmere Regionen Kaliforniens wie Lodi, Chianti, Rioja, Muscadet. Und bei den Rebsorten: Merlot, Semillon, Sangiovese, Viognier, Grenache.

REGEL 39

Die beste Zeit, um einen Wein zu kaufen, ist, wenn er außer Mode ist.

Die Suche nach *genau diesem einen Wein* ist höchstwahrscheinlich Zeitverschwendung.

Vielleicht haben Sie gerade etwas über einen offenbar großartigen Wein gelesen. Oder vielleicht möchten Sie diesen einen perfekten Augenblick noch mal erleben, den Sie dieses eine Mal auf dieser einen Reise hatten. Oder Sie haben eine Flasche eines Weins aufbewahrt, den Sie nachkaufen möchten. Manchmal lohnt sich der Aufwand, häufig wird man aber auch enttäuscht.

Die Sache ist die: Häufiger als fast jedes andere Produkt wird Wein dezentralisiert vermarktet – es gibt kaum Überschneidungen im Angebot der verschiedenen Weinhändler. (Wenn einem ein bestimmter Wein häufig begegnet, liegt das wahrscheinlich daran, dass es sich um Massenware eines großen Weinproduzenten handelt.) Diversität ist gut, allerdings macht sie die Suche nach einer bestimmten Flasche nicht leichter. Das Internet ist hier eine große Hilfe. (Schauen Sie mal bei wine-searcher.com rein.) Und die meisten guten Einzelhändler können extra für Sie eine Flasche bestellen, wenn sie denn überhaupt erhältlich ist. Doch warum sollte man auf den Nervenkitzel verzichten, den etwas Neues mit sich bringt, wo es doch so viele verschiedene Weine zu entdecken gibt?

Der Coolness-Faktor von Wein ist verwirrend. Der Weingeschmack unterliegt sich ständig ändernden Moden, und man sollte die aktuellen Trends kennen – aber dadurch wird man nicht unbedingt zu einem interessanteren oder besser informierten Weintrinker. Das Raster auf den folgenden Seiten versucht Klarheit zu schaffen.

Nicht jeder »New Wave«-Wein ist cool. Und nicht jeder klassische Wein ist uncool.

- Pét-nat
- »Neues« Kalifornien
- Ribeira Sacra + Rotweine aus Galizien
- kalifornische Pinot Noir (»ausgewoge Stilistik)
- Jura
- »Winzer-Champagner«
- Koriska
- Beaujolais
- »Neues« Australien
- Txakoli
- Barolo/Barbaresco
- Aostatal
- Nördliche Rhône
- Weiß-/Rotweine aus Saumur
- Bierzo
- Weißweine aus Savennières und Anjou
- Rot-/Weiß- weine vom À
- traditionelle sizilianische Rotweine
- Schiava/Trollinger
- weitere Weißweine von der Loire
- Chinon/Bourgueil
- Deutscher Spätburgunder
- Muscadet
- Vermentino
- Weine aus Georgien
- Carignan
- Weißweine aus dem Friaul
- Oregon Pinot Noir
- Prosecco (Col Fondo)
- kalifornischer Chardonnay (neue Stilistik)**
- Assyrtiko und andere Weißweine aus Griechenland
- Savoyen (Département Savoie)
- »Neues« Chile
- Deutscher Riesling
- Vinho Verde
- Sherry**
- traditioneller Zinfandel
- Chenin Blanc aus Südafrika

TRADITIONELL

- Albarino
- Rioja
- weitere Weine aus Neuseeland
- Tokajer/Weißweine aus Ungarn
- Madeira**
- Roussillon
- Weißweine aus Portugal
- Verdicchio
- Elsass
- Sauternes
- Rotweine aus der Provence
- Cava
- Soave
- Port
- Chianti
- Frascati
- Semillon
- White Bordeaux

* = BELIEBT, ABER NICHT COOL   ** = RETRO-COOL

IN

OUT

TECHNISCH →

WEIN-COOLNESS-RASTER

- Rosé aus der Provence
- Rotweine aus dem Burgund
- Weißweine aus dem Burgund
- Prosecco (kommerziell)
- Weißweine aus Österreich
- Rotweine aus Österreich
- Rotweine aus Washington
- Malbec aus Argentinien
- Sancerre*
- Rotweine aus Griechenland
- Pinot Noir aus Kalifornien (üppige Stilistik)*
- Champagner (große Häuser/Marken)
- Die meisten Cabernets aus dem Napa Valley
- Sauvignon Blanc aus Neuseeland*
- Südliche Rhône
- Pouilly-Fumé
- Rotweine aus dem Languedoc
- Chardonnay aus Kalifornien (Stilistik der 1990er-Jahre)
- Hochprozentiger Zinfandel
- Rotweine aus dem Bordeaux
- Weißer Zinfandel**
- Brunello
- Ribera del Duero
- Die meisten Pinot Grigios
- Amarone
- Shiraz aus Australien

REGEL 42

Niemals eine Flasche nach ihrem Verschluss beurteilen.

Früher wurden Korken als bester Verschluss für Weinflaschen angesehen (und mehrere Jahrhunderte lang waren sie auch alternativlos). Guter Wein wird heutzutage aber mit allen möglichen Drehverschlüssen, Kronkorken und mehr verschlossen. In Australien und Neuseeland sind Drehverschlüsse inzwischen z. B. so weit verbreitet, dass Korken den Leuten mittlerweile seltsam vorkommen. Pét-Nat (s. Seite 37) kommt in der Regel mit Kronkorken auf den Markt. Tetra-Packs, Beutel und sogar Dosen sind heute populär. Korken-Hersteller hatten es wegen des Korktons (s. Seite 59) schwer, haben aber auch deutliche Fortschritte gemacht. Allerdings gibt es die Garantie nicht mehr, dass ein mit einem Korken verschlossener Wein auch der Beste ist.

4

SER-VIEREN & GE-NIESSEN

REGEL 43

Wahrscheinlich servieren Sie Weißwein zu kalt und Rotwein zu warm.

Die Versuchung ist groß, Weißwein im Kühlschrank und Rotwein auf der Küchenanrichte stehen zu lassen – allerdings haben beide dann nicht die richtige Temperatur. Wird Wein zu kalt serviert, können sich Aromen und Textur nicht voll entfalten, wird er hingegen zu warm serviert, schmeckt er unter Umständen unkonzentriert und simpel – das trifft sowohl auf Weiß- als auch auf Rotweine zu. Denken Sie daran, dass die Temperatur eines Weins von dem Moment, wenn er ins Glas eingeschenkt wird, ansteigt. So lässt sich der Wein, während er sich entwickelt, genießen.

Die ideale Methode, um die Temperatur eines Weins konstant zu halten, ist die Aufbewahrung in einem Weinkühlschrank (oder einem Keller mit stabiler Temperatur). Für die meisten von uns wird das nicht möglich sein. Also sollten Sie jeden Wein am besten leicht gekühlt aufbewahren und dann rechtzeitig aus der Kühlung nehmen, damit seine Temperatur den gewünschten Grad erreicht. Eine halbe Stunde reicht für die meisten Rotweine in der Regel aus. Und wenn der Wein zu warm wird? Einfach zurück in den Kühlschrank stellen oder zur Not einen Eiswürfel hineingeben. (Wo kein Ankläger, da kein Richter.)

SHERRIES → 7–14°C
(abhängig von der Sorte)

CHAMPAGNER → 8–10°C
(kalt ist hier gut)

FRISCHER, LEICHTER WEISSWEIN → 8–12°C

ROSÉ → 8–13°C

SCHWERER WEISSWEIN → 10–14°C

»ORANGE-WINE«/AUF DEN SCHALEN VERGORENE WEINE → 12–16°C
(wie einen schweren Weißwein oder leichten Rotwein behandeln)

FRISCHE ODER DELIKATE ROTWEINE → 15–18°C
(im Grunde genommen Raumtemperatur)

KRÄFTIGE ROTWEINE → 17–19°C

Je nach Größe des Glases sollte dieses ein Drittel bis etwas weniger als die Hälfte gefüllt sein. Nicht mehr. Das gilt auch in Restaurants.

Ein halb volles Glas ist eine wunderbare Sache – nur nicht, wenn es um Wein geht.

Bei diesem Glas lässt sich der Wein schwenken. D. h. die Aromen können richtig freigesetzt werden, und man kann den Wein in seiner Gänze genießen (s. Seite 93).

Bei diesem Glas lässt sich der Wein nur schwer schwenken, den Aromen fehlt der Raum, um sich zu entfalten, und der Wein riecht nach nichts. (Außerdem ist die Wahrscheinlichkeit größer, dass man kleckert.)

Champagner gehört zu den am häufigsten missverstandenen Weinen. Lange Zeit galt er als Getränk für feierliche Anlässe, nicht als »echter Wein« – man kaufte vielleicht eine oder zwei Flaschen pro Jahr, in der Regel von einer Marke, die einem bekannt war.

Doch heute erlebt die Region Champagne eine wunderbare Revolution: Hunderte Weinbauern produzieren außergewöhnliche Champagner aus ihren eigenen Trauben, es wird mehr auf Qualität und Lage geachtet und darauf, dass die Aromen des Weins präziser sind. Diese Produzenten sehen Champagner primär als Wein an, den man wie jeden anderen Wein – am besten oft – genießen, also die handwerkliche Arbeit dahinter und seine Einzigartigkeit schätzen sollte.

Natürlich, Champagner ist nicht billig. Aber er muss auch nicht unbedingt teuer sein. Und man kann ihn jederzeit trinken. Um zu feiern, dass Freitag ist, dass man Pizza isst, dass es eine neue Staffel *Stranger Things* gibt. Und bitten Sie in einem guten Weinladen in Ihrer Nähe darum, dass man Ihnen einen Champagner für unter 35 Euro zeigt, von dem Sie vielleicht noch nie gehört haben. Es gibt viel zu entdecken.

REGEL 45

Champagner geht eigentlich jeden Tag, das ganze Jahr über.

REGEL 46

Machen Sie sich nicht zu viele Gedanken darüber, in welcher Reihenfolge Sie die Weine servieren.

Trinken Sie sie in der Reihenfolge, die Ihnen passt. Falls Sie eine Faustregel brauchen: von leicht zu schwer und von weiß zu rot. Allerdings fehlen in dieser Rechnung Rosé und »Orange Wines«, außerdem Sherry und Schaumwein zum Essen (oder ein Mezcal-Shot). Außerdem laufen Mahlzeiten nicht mehr so streng reglementiert ab wie früher. Profis springen daher häufig zwischen Weinen mit unterschiedlichem Körper und verschiedenen Stilistiken hin und her, je nach Lust und Laune. (Mehr über Wein zum Essen s. Kapitel 6).

REGEL 47

Rosé kann man zu jeder Jahreszeit trinken.

Tatsächlich sollte man ihn das ganze Jahr über trinken. Rosé ist der perfekte Kompromiss. Er passt zu fast allem. Und ja, man kann Rosé trinken, der älter als ein Jahr ist. Guter Rosé reift wunderbar. (Einer der besten Rosés der Welt, von dem Rioja-Produzenten López de Heredia, kommt sogar erst einige Jahre nach der Lese auf den Markt.)

Wir sind es gewohnt, dass Wein in 750-Milli-
liter-Flaschen abgefüllt wird, aber die besten
Weine gibt es auch in Magnums, also Flaschen doppelter Größe. Dank des geringeren
Verhältnisses von Wein zu Glasoberfläche,
d. h. weniger Wein in Kontakt mit Glas
oder Sauerstoff, reift der Wein in Magnums
langsamer. Der Wein wird in einem Zustand
eingefangen, ähnlich dem, den er im Weingut
hatte. Er kommt so seinem Ideal viel näher.
Und Magnums sind nicht das Ende der
Fahnenstange: Jeroboams (drei Liter), Sal-
manazars (neun Liter) …

REGEL 48

Wein sollte man aus großen Flaschen trinken.

Das ist sogar eine gute Idee. Der Kontakt
mit Sauerstoff führt dazu, dass sich der Wein
»öffnet«, d. h. sein Duft wird ausgeprägter, weil
aromatische Verbindungen freigesetzt werden
und sich zwischen den Glaswänden sammeln,
der Geschmack wird verstärkt, die Textur kann
weicher werden, und der Wein ist insgesamt
angenehmer zu trinken. Man muss nur sicher-
gehen, dass man das richtige Glas hat: eines,
das nach oben hin enger wird und in dem
der Wein an der Glaswand ein Stück nach
oben steigen kann. Und nicht zu voll machen
(s. Seite 88)! Ein Tipp: Stellen Sie das Glas auf
eine ebene Oberfläche und bewegen Sie es in
kleinen Kreisen. Sogar Profis machen das so.

REGEL 49

Schwenken Sie Ihr Glas.

REGEL 50

Weingläser haben nicht umsonst Stiele. Nutzen Sie sie!

Die Funktion der Stiele besteht nicht darin, toll auszusehen, sondern einen Puffer zwischen Hand und Wein zu bilden – um die Wärmeübertragung von Ihnen (ca. 37 °C) auf den Wein (hoffentlich unter 21 °C) zu verhindern. Also halten Sie Ihr Glas am Stiel, nicht am Kelch – außer der Wein ist zu kalt, dann können Sie den Kelch in beiden Händen halten, um ihn aufzuwärmen. Nehmen Sie es als kleines Physikexperiment.

Außerdem ist ein Stiel hilfreich, wenn man das Glas schwenken möchte (s. Seite 88), um die Aromen des Weins freizusetzen. Er hilft Ihnen dabei, eine gleichmäßige kreisförmige Bewegung in Gang zu bringen.

Das soll aber nicht heißen, dass Sie Gläser ohne Stiel nicht verwenden dürfen. Auf Picknicks, Konzerten, informellen Partys etc. sind sie sehr nützlich. Nur holen sie eben nicht das Beste aus dem Wein heraus.

Mit etwas Übung kann Ihnen der Geruch des Korkens einiges verraten. Ein modriger Geruch könnte auf einen »Korkton« (s. Seite 54) hinweisen. Der betroffene Wein verliert seinen Duft oder Geschmack oder schmeckt so ähnlich wie feuchter Hund. In der Regel sind Weinfehler Korkfehler, können aber auch im Weingut entstehen. Heutzutage ist Wein »mit Kork« kein so großes Problem mehr. Bei der Korkproduktion wurden große Fortschritte gemacht, sodass nur noch etwa ein Prozent der Flaschen von diesem Problem betroffen ist (früher waren es circa sieben Prozent). Auch sind alternative Verschlüsse beliebter geworden. Stoßen Sie dennoch mal auf einen Weinfehler, regen Sie sich nicht zu sehr auf. Aber zögern Sie auch nicht, eine Flasche zurückgehen zu lassen oder den Wein zurück in den Laden zu bringen, wenn Sie meinen, dass etwas mit ihm nicht stimmt. Allein am Korken zu riechen, wird sie aber nicht zwangsläufig auf jedes Problem hinweisen.

Riechen Sie nicht nur am Korken. Riechen Sie am Glas, bevor Sie den Wein einschenken – Weingläser ziehen Gerüche aus dem Schrank an, also sollte man sie vor der Verwendung eventuell noch einmal ausspülen. (Und bewahren Sie die Gläser, wenn möglich, nicht in der Nähe von Lebensmitteln und Gewürzen auf.)

Riechen Sie nicht nur am Wein. Riechen Sie an den Gläsern, dem Schrank, in dem Sie Ihre Gläser aufbewahren, und ja, auch am Korken.

REGEL 52

Dekantieren Sie Ihren Wein.

Einen Dekanter zu besitzen, ist eine gute Sache. Mehr als einer ist besser. Ein Dekanter muss nicht schick sein. Beim Dekantieren von Wein geht es um den Prozess, nicht um die Gerätschaft.

Ursprünglich diente dieser Vorgang dazu, Sedimente in alten Flaschen zurückzuhalten und die Aromen von Rotwein weicher und tiefer zu machen. Aber auch Weißweine können davon profitieren. Der Druck von Schaumweinen kann dadurch leicht reduziert werden.

Bei der Auswahl eines Dekanters sollte man darauf achten, wie viel Weinoberfläche der Luft ausgesetzt ist. Der Dekanter darf nicht zu breit sein. Wenn Sie sich daran halten, können Sie eigentlich jedes Gefäß als Dekanter benutzen.

Wie dekantiert wird? Den Dekanter (oder was auch immer) in leichtem Winkel halten und den Wein vorsichtig hineingießen. Lassen Sie ihn nicht hineinplatschen, es sei denn, es ist ein junger Wein und Sie möchten ihm viel Luft geben, damit er zugänglicher wird. Den Dekanter allmählich in eine aufrechte Position bringen, während Sie den Wein hineingießen. Und immer langsamer gießen, während Sie die Flasche leeren.

Noch ein paar kleine Tipps: Wenn möglich, die Flasche ein oder zwei Stunden vor dem

ENDLICH SCHLUSS MIT BROMBEERE IM ABGANG

Dekantieren aufrecht hinstellen. Langsam eingießen. Ein Licht (Kerze, Taschenlampe, meinetwegen die Lampe Ihres Smartphones) unter die Weinflasche halten, um den Wein beobachten zu können. Durchscheinende Flüssigkeit ist gut. Feststoffe sind schlecht – das ist Bodensatz, der in der Flasche bleiben soll. Hören Sie auf einzuschenken, wenn Sie Feststoffe sehen. (Aber darüber müssen Sie sich erst Gedanken machen, wenn der Wein zehn Jahre oder älter ist. Und rot.)

REGEL 53

Man braucht nicht mehr als zwei Arten Weingläser, höchstens drei.

Und so wählt man die richtigen Weingläser aus: eins für Weißwein, eins für Rotwein und eins ist der Joker für Leute, die einen bestimmten Wein besonders gerne mögen. Egal, was Sie sonst so hören – man *braucht kein* besonderes Glas für einzelne Weinsorten.

Die einzige nützliche Farbe für Weingläser ist klar. Keine Gravur. Keine Kolorierung. Man muss den Wein sehen können. Nach dem Stiel (s. Seite 94) ist der Rand der wichtigste Teil des Weinglases. Er sollte dünn sein, eine möglichst geringe Barriere zwischen Wein und Mund bilden. Der Kelch sollte zum Rand hin schmaler werden, in der Mitte also am breitesten sein. (Das konzentriert die Aromen im Glas und verhindert Kleckern.)

Verabschieden Sie sich von Ihren Schaumweinflöten und -schalen. Die meisten Champagner- und Sekt-Häuser verwenden sie nicht, da Flöten und Schalen die Aromen reduzieren und sich die Bläschen zu schnell verflüchtigen. Ich trinke Champagner und andere Schaumweine aus Weißweingläsern, kenne aber auch Leute, die Schaumweintulpen bevorzugen, die quasi ein Kompromiss zwischen den zu schmalen Gläsern in Flötenform und Standard-Weingläsern sind. Sie helfen bei den Grundlagen, d.h. sie maximieren unsere Fähigkeit, den Champagner riechen und schmecken zu können.

OBLIGATORISCH
1 Allzweckglas
(Rot- oder Weißwein)
2 Weißweinglas

OPTIONAL
→ Wenn man leichte
Rotweine liebt oder
Champagner, sind
auch noch ok:
3 Burgunderglas
4 Champagnertulpe
(Schaumweintulpe)

KANN WEG
5 Schaumweinflöten
(gut für die Bläschen,
schlecht für den Ge-
schmack)
6 Schaumweinschalen
(schlecht für die
Bläschen, gut für
Cocktails)
7 Weingläser ohne Stiel
8 Gläser mit Gravur
(schön, aber unpraktisch)

5

LAGERN & MIT-NEHMEN

REGEL 54

Werfen Sie das Weinregal aus der Küche.

Wenn Sie die Temperatur in Ihrer Küche nicht unter 16 °C halten (sehr unwahrscheinlich), kocht das langsam die Aromen aus Ihrem Wein. Da die meisten Weinregale in der Nähe von Kühlschrank oder Herd stehen, die Wärme abgeben, wird dieser Effekt noch verstärkt.

Wenn Sie Ihren Wein in der Küche aufbewahren möchten, investieren Sie in einen kleinen Weinkühlschrank oder halten Sie immer ein paar Flaschen griffbereit im Kühlschrank vor.

Wenn Sie keinen Weinkühlschrank kaufen möchten, ist der beste Platz, um Wein aufzubewahren, der kühlste und dunkelste Ort in Ihrem Haus.

REGEL 55

Offenen Wein – weiß und rot – im Kühlschrank aufbewahren.

Der große Feind von Wein ist Sauerstoff, denn er führt nicht nur dazu, dass sich Wein entwickelt, sondern auch, dass er verdirbt, sich in Essig verwandelt. Durch das Aufbewahren des Weins im Kühlschrank wird dieser Prozess verlangsamt. Das gilt auch für Rotweine – diese einfach 30 bis 40 Minuten vor dem Trinken wieder aus dem Kühlschrank nehmen. Die meisten Weine halten im Kühlschrank mindestens drei Tage, aber selten länger als eine Woche. Wenn Sie eine besondere Flasche aufmachen, laden Sie am besten ein paar Freunde ein.

Autos sind Wein-Killer.

Sie sind unweigerlich zu heiß (außer sie sind zu kalt, aber das ist weniger problematisch). Kofferräume sind besonders schlecht für Wein, weil sie sich in kleine Öfen verwandeln können. Lässt man den Wein an einem heißen Tag im Kofferraum, kann ihm das schaden – auch, wenn es nur ein bis zwei Stunden sind. Wenn Sie also häufiger Flaschen transportieren, sollten Sie in Erwägung ziehen, eine Kühlbox im Kofferraum zu haben (die ist auch gut für Lebensmittel). Oder investieren Sie in ein paar Coldpacks, die bei Sportverletzungen eingesetzt werden, und wickeln Sie diese um die Flasche. So wird die Temperatur wenigstens für etwa 30 Minuten stabilisiert. Wenn Sie den Wein auf dem Fahrrad transportieren, packen Sie ihn entweder in den Rucksack oder den Fahrradkorb. Nehmen Sie ein Coldpack oder eine Neopren-Tragetasche mit. Wenn Sie das häufiger machen, kaufen Sie sich einen Spanngurt, um die Flasche(n) zu stabilisieren. Lassen Sie den Wein einige Zeit ruhen, bevor Sie ihn öffnen, vor allem Schaumwein, denn er wird beim Transport ziemlich durchgeschüttelt.

REGEL 57

Haben Sie immer eine saubere, leere halbe Flasche im Haus.

Auf diese Weise können Sie, wenn am Ende des Abends noch eine halbe Flasche Wein übrig ist, den Rest in die kleinere Flasche umfüllen und darin verschließen. In der kleineren Flasche ist der Wein mit weniger Sauerstoff in Kontakt, der ihn sonst verderben würde.

REGEL 58

Beim Lagern von Wein spielt die Temperatur eine große Rolle.

Wein ist nicht auf die gleiche Art und Weise verderblich wie Kopfsalat, verändert sich aber definitiv zu seinem Nachteil, wenn man nicht richtig mit ihm umgeht. In der Regel sollte man Wein bei einer Temperatur zwischen 7 und 14 °C aufbewahren, abhängig davon, ob es sich um Weiß- oder Rotwein handelt. Daher ist es keine gute Idee, Wein in der Küche aufzubewahren. (Luftfeuchtigkeit spielt auch eine Rolle, lässt sich aber schwerer kontrollieren.) Falls Sie keinen Raum in Ihrem Haus mit konstanter entsprechender Temperatur haben (und den hat fast niemand), bewahren Sie Ihren Wein im Kühlschrank auf – Weinkühlschrank oder regulärer Kühlschrank – oder in einem kühlen Kellerraum. Außerdem: langsame, geringe Temperaturschwankungen sind in Ordnung (wie in einem Kellergewölbe), abrupte Schwankungen können dem Wein jedoch schaden.

Im Allgemeinen müssen Korken feucht und in Kontakt mit dem Wein bleiben, um gut zu funktionieren. Werden Weinflaschen aufrecht gelagert, trocknen die Korken aus, was dazu führen kann, dass der Wein schneller altert oder verdunstet. Der Kühlschrank hemmt diesen Prozess, aber auch hier sollte der Wein nicht länger als ein oder zwei Wochen aufrecht gelagert werden. Champagner und andere Schaumweine bilden hier teilweise eine Ausnahme: Der Korken, der so gestaltet ist, dass er sich ausdehnt und dem in der Flasche herrschenden Druck standhält, sieht ein bisschen aus wie ein Pilz. Wenn er zu feucht wird, zieht sich der untere Teil zusammen, sodass Sauerstoff in die Flasche gelangen kann und der Wein schneller altert. Wenn Sie jedoch planen, den Schaumwein in den nächsten paar Monaten zu trinken, macht das keinen großen Unterschied.

REGEL 59

Weinflaschen sollten liegend aufbewahrt werden.

Wenn es mit einer geöffneten Flasche bergab geht, schenken Sie den Wein nicht mehr aus.

Verwenden Sie ihn stattdessen als Kochwein. Keine Sorge, wenn er sauer wird – im Grunde verwandelt er sich in Essig, kann also gut zum Kochen verwendet werden. (Einfach daran riechen oder den Wein kosten, bevor Sie damit kochen, so wie Sie es auch bei allen anderen Lebensmitteln machen würden.)

Es sind eine Menge romantische Vorstellungen im Umlauf (und ein Haufen Unsinn), wenn es um das Reifepotenzial von Wein geht – das Öffnen einer Flasche aus einer vergangenen Zeit. Beim gereiften Wein geht es um zusätzlichen Genuss: längerer Aufenthalt in der Flasche bedeutet größere Komplexität. Die überwiegende Mehrheit der Weine muss aber gar nicht so lange reifen. Ein gut gemachter Cabernet oder Pinot Noir entwickelt sich im Laufe von zehn Jahren oder mehr zu seinem Vorteil. Nur wenige Weine, z. B. Barolo, brauchen mehr Zeit. Mir sind auch viele mutmaßlich einfache Weine untergekommen – gute Beaujolais Crus und sogar Weißweine wie Fiano –, die mit dem Alter interessanter wurden. Das sind aber Ausnahmen.

Selbstverständlich können Sie gerne gut gemachte Flaschen Wein kaufen, um diese für einen besonderen Anlass aufzuheben: Weine aus dem Geburtsjahr Ihrer Kinder (lassen Sie sich dafür in einem Weinladen beraten), extravagante, auf einer Reise erworbene Weine. Lagern Sie sie fachgerecht. In den meisten Fällen lohnt es sich aber, die frischen fruchtigen, die sogenannten primären Aromen des Weins zu genießen: unmittelbare Aromen, die *genau jetzt* Freude bereiten. Lassen Sie sich nicht einreden, Sie müssten warten.

REGEL 61

Trinken Sie einen Wein, solange er jung ist.

Verstehen lernen, welche Weine Reifepotenzial haben.

Flaschenreife ist zum Teil ein Überbleibsel aus einer Zeit, in der Weine häufig zu kantig waren, um sie sofort trinken zu können. Sie brauchten noch ein paar Jahre, um weicher zu werden. Die moderne Weinbereitung hat das zwar geändert, doch die meisten Top-Weine sollten heutzutage in der Lage sein, über acht bis zehn Jahre an Qualität und an Komplexität zuzulegen.

Reifepotenzial ist keine exakte Wissenschaft, allgemein gilt jedoch, dass die besten Weine aus fast jeder Weinregion und die meisten Weine aus den berühmtesten Weinregionen sich bei guter Lagerung verbessern. Dazu gehören eine ganze Menge Weine, von gutem Cabernet und anderen Weinen aus der Bordeaux-Familie (s. Seite 60) bis zu gutem Pinot Noir und extravagantem roten Burgunder sowie viele Weißweine aus dem Burgund und Top-Chardonnays mit zurückhaltender Stilistik. Und es gehören Weine von den führenden italienischen Appellationen dazu, wie Brunello, Barolo, Ätna und Montefalco usw., von denen einige eine gewisse Reifezeit benötigen. Spitzen-Weine von der Rhône und der Loire müssen ebenso reifen. Deutscher Riesling und gute Weißweine aus Österreich profitieren fast immer von der Flaschenreife. Ebenso die besten amerikanischen Weine.

Nicht nur das Reifepotenzial beeinflusst die Art, wie ein Wein reift. Lagerbedingungen und Provenienz (in wessen Besitz die Flasche vorher war) sind genauso wichtig. Wenn ein Wein nicht richtig gelagert wurde, ist es egal, wie alt er ist – wahrscheinlich ist er nicht mehr gut. Wenn man also in eine ältere Flasche investieren möchte, sollte man möglichst viel über ihre Vergangenheit in Erfahrung bringen. Hat der Verkäufer sie selbst gelagert? Unter welchen Bedingungen? War die Temperatur kühl und stabil?

Auktionshäuser und Wiederverkäufer sind inzwischen zwar besser geworden, gefälschte Flaschen sind aber immer noch ein ernstzunehmendes Thema. Das trifft allerdings eher auf extravagante teure Weine zu, Spitzen-Burgunder beispielsweise. Viele Wiederverkäufer bieten bescheidenere alte Flaschen an, die trotzdem sehr gut sein können. Fragen Sie aber auf jeden Fall nach: Kommt der Wein aus einem privaten Keller oder vom Weingut selbst? Welche Bedingungen herrschten im Weinkeller? Wie wurde die Flasche transportiert? Liegt der Flüssigkeitsspiegel möglichst weit oben? (Wenn nicht, ist der Wein eventuell in keiner guten Verfassung.) Sieht der Korken durchgeweicht aus? Ist Wein in den Korken vorgedrungen und aus der Flasche ausgetreten?

REGEL 63

Wer alten Wein trinken möchte, sollte dessen Geschichte kennen.

E WEINLADEN

ängiger Weinhandel

DER
GUTE
WEIN-
LADEN

6

WEIN ZUM ESSEN

Seien Sie nicht päpstlicher als der Papst.

Wie oft zerbricht man sich über diese simple Frage den Kopf: Was trinke ich zum Essen? Ganze Bücher wurden zu diesem Thema geschrieben. Experten lassen sich darüber aus. Und fast immer erfolgt der Rat auf Basis einer gut gemeinten, aber falschen Annahme, nämlich dass die eine perfekte Kombination existiere, die inneren Frieden und Glückseligkeit bringt. Ich halt sehr viel davon, wenn die Aromen von Essen und Wein großartig zusammenpassen, aber die Besessenheit in Bezug auf das Thema macht mich krank. (Ich glaube, Amerikaner betrifft der Vorwurf besonders, weil wir etwas unsicher sind, was Wein angeht.)

Wie dem auch sei, machen Sie sich keine Sorgen. Es gibt nicht *die eine* perfekte Kombination. Trinken Sie, was Ihnen schmeckt. Einige Kombinationen sind zwar etwas schwieriger als andere (s. Seite 124), lassen sich aber durch die folgenden Überlegungen leicht umgehen. Also machen Sie sich keinen Kopf. Alles halb so schlimm.

Behalten Sie diese vier Elemente bei Essen und Wein im Auge: Säure, Salz und Gewürze, Textur und Gewicht sowie Süße/Fruchtigkeit. Zu viel von einem dieser Elemente in Ihrem Essen oder dem Wein schadet der Balance. Aus diesem Grund kann Wein (und Essen) zu sauer oder zu süß sein. Wenn ein Wein zu würzig ist (z. B. pfefferiger Syrah), ohne eine reichhaltige Textur oder Fruchtaromen zu haben, fehlt das Gleichgewicht im Geschmack.

Richtig gute Kombinationen entstehen aus ähnlichen Eigenschaften: dem mineralischen Charakter von Muscadet und dem Salzwasser von Austern, oder der an grüne Paprika erinnernde Aspekt von Cabernet Franc von der Loire zu einem Sichuan-Hot-Pot. Die besten Kombinationen entstehen aber aus Gegensätzen: der Zucker im Wein kann scharfe Gewürze oder Säure im Essen mildern. (Daher passt halbtrockener Riesling hervorragend zu Thai-Küche.)

Häufig wird nicht ausreichend auf Faktoren wie Säure und Textur geachtet (s. Seite 50 f.), die jedoch mit zu den wichtigsten Eigenschaften eines Weins gehören. Sie tragen dazu bei, dass schäumender Champagner mit seinem hohen Säuregehalt unter Umständen großartig zu den verschiedenen Texturen und dem Fettgehalt von Pizza passt.

Machen Sie sich nicht zu viel Mühe, Aromen aufeinander abzustimmen. Richtig gute Kombinationen hängen oft von anderen Faktoren ab.

Fast jede »Regel« zur Kombination von Wein und Essen lässt sich widerlegen.

Rotwein mit Fisch? Weißwein mit Fleisch? Steak mit Champagner?

Wie gesagt, es geht um Aromen und Texturen, nicht um alte Faustregeln. Champagner (der oft aus Rotweintrauben gewonnen wird, die gepresst wurden, bevor sie viel Farbe abgeben konnten) kann die Säure und Textur haben (und wenn es sich um einen Rosé handelt, auch die Tannine), um mit einem kräftigen, fetten Steak mithalten zu können. Viele leichte Rotweine (z. B. Schiava) sind subtil genug, um die nuancierten Aromen von sogar weißem Fisch hervorheben zu können. Und manchmal wird Fisch ja auch mit Tomaten, Oliven oder anderen intensiv schmeckenden Zutaten zubereitet. Und wenn wir schon mal dabei sind: Einige Fleischgerichte – Schnitzel z. B. – werden üblicherweise mit aromatisch-klaren Weißweinen (manchmal halbtrockenen) kombiniert, beispielsweise Riesling. Ein traditionelles Gericht, kombiniert mit einem klassischen regionalen Wein. Heutzutage haben wir allerdings sämtliche Küchentraditionen der Welt direkt vor der Tür. Viele der alten »Regeln« wirken da veraltet und engstirnig.

Trinken Sie zu Ihrem Essen, was Sie wollen. Einige Extreme werden nicht funktionieren, aber die meisten frischen, jungen, relativ fruchtigen Weine sind sehr vielseitig.

KOMBINATIONEN, DIE WIR LIEBEN

→ Chablis + Austern

→ Beaujolais/fruchtiger Zinfandel + Barbecue

→ Champagner + Pizza, Bánh mì oder Dim Sum

→ Cabernet Franc + Küche der chinesischen Provinzen Sichuan/Shaanxi

→ Weißer Burgunder/Chardonnay + Brathähnchen

→ Soave + Mais im Sommer

→ Rosé + Eier Benedict

EIGENWILLIGE KOMBINATIONEN, DIE WIR LIEBEN

→ Champagner + Steak oder Seeigel

→ Roter Burgunder + Sushi

→ Fruchtiger Riesling + Hot Dogs oder Pizza

→ Beaujolais + Tacos oder Falafel

→ Sauvignon Blanc oder Vermentino + Chile Verde oder Larb Gai

→ Pinot Blanc + Lamm-Korma oder Dal

→ »Orange-Wine« + Hummer oder Spaghetti mit Bottarga

ANGEBLICH NICHT-KOMBINIERBARE KOMBINATIONEN

→ Grüner Spargel + Grüner Veltliner, trockener Riesling, trockener Muscat, einige Sauvignon Blancs

→ Rosenkohl + Silvaner, Fino Sherry, weißer Rioja, trockener Chenin Blanc, Muscadet und mehr

→ Sojasauce + Manzanilla oder sogar Amontillado-Sherry oder trockener Madeira

→ Sushi + roter oder weißer Burgunder, Champagner, säurebetonter Weißwein

→ Essig + Wein mit reichlich Säure

Von der asiatischen Küche können Sie Folgendes lernen: Wenn es ums Kombinieren geht, spielt die Sauce eine ebenso große Rolle wie die Hauptzutat.

Die Regeln, wie Wein und Essen zusammengestellt werden sollen, betreffen meistens die Hauptzutat eines Gerichts. Häufig trägt diese aber nicht die führenden Aromen bei. Proteine (auch Gemüse) werden stark dadurch beeinflusst, wie sie zubereitet und mit welcher Sauce sie serviert werden. Unterschiedliche Gerichte mit der gleichen Hauptzutat können reichhaltig und cremig sein oder süß-sauer oder frisch und salzig. Denken Sie z. B. an den Unterschied zwischen Grillhähnchen und Hähnchen-Korma oder zwischen Jakobsmuscheln in zerlassener Butter und Jakobsmuschel-Sashimi oder Nudeln in Sahnesauce versus Nudeln in Tomatensauce.

Wenn es um Kombinationen geht, sollten Sie sich nicht zu sehr auf die Hauptzutat konzentrieren. In vielen Küchentraditonen – der thailändischen, indischen, chinesischen und anderen asiatischen Küchen – liegt der Fokus nicht auf der Hauptzutat, sondern auf der Zubereitung der Bestandteile eines Gerichts. Es ist unter Umständen also hilfreicher, an die Sauce oder die Gewürze und andere pikante, den Geschmack bestimmende Zutaten (Ingwer usw.) in einem Stir Fry oder an die Marinade bei einem Grillgericht zu denken, wenn man auf der Suche nach einem passenden Wein ist.

In Amerika sagen wir: »Grows together, goes together« (etwa: »Was zusammen wächst, passt zusammen.«), und es spricht auch viel für dieses alte Sprichwort, soll heißen, ein roter Barolo passt hervorragend zu den vollmundigen Nudelgerichten und Trüffeln des Piedmont, und zur fettigen Küche Lyons schmeckt Beaujolais fantastisch.

Aber viele unserer heutigen Aromen entstammen keiner traditionellen Weinregion. Ich meine, versuchen Sie doch mal diese Regel auf Tamales oder Mapo-Tofu anzuwenden. Es kann großen Spaß machen, traditionelle Kombinationen wiederzubeleben, aber lassen Sie sich von ihnen nicht einschränken.

REGEL 68

Wein und Lebensmittel, die aus derselben Region kommen, können hervorragend zusammenpassen – ebenso wie Weine und Lebensmittel, die aus verschiedenen Ecken der Welt stammen.

Wenn Wein-Profis behaupten, dass bestimmte Lebensmittel nicht zu Wein passen – hören Sie gar nicht hin.

Ja, es gibt Lebensmittel, die man nur schwer mit Wein kombinieren kann. Die Schwefelverbindungen in Spargel und Rosenkohl sind unter Umständen problematisch. Die Textur von Austern harmoniert nicht gut mit Gerbstoffen.

Aber es *gibt* Weine, die auch zu diesen Lebensmitteln passen. Deutsche und Österreicher verschlingen jeden Frühling tonnenweise Spargel, den sie mit Grünem Veltliner, Silvaner und ähnlichen Weinen herunterspülen. Austern passen wunderbar zu den meisten frischen Weißweinen, und auch ein paar leichte Rotweine sind in Ordnung – wenn die Austern gegart sind.

Es gibt einen großen Geschmackskiller in Wein: Eichenaromen. Die vanilleähnliche Süße des Holzes kann pikante und subtilere Aromen regelrecht niederwalzen. Das soll nicht heißen, dass im Holz vergorene Weine nicht zu Essen passen, allerdings sind Weine mit nur einer leichten oder gar keiner Holznote deutlich vielseitiger.

Und das andere Problem: Zucker. Eine gewisse Süße kann ein Gegengewicht zu aggressiveren Aromen in Essen bieten, aber viele Weine (z. B. viele Sauvignon Blancs aus Neuseeland) haben einen hohen versteckten Zuckeranteil (s. Seite 52).

Schaumweine – nicht nur Champagner, sondern Schaumweine aus der ganzen Welt – passen zu einer bemerkenswert großen Anzahl verschiedener Gerichte. Für mich war das oft die Lösung bei einem komplizierten Mix von Gerichten (sie hat Lamm bestellt, er Seezunge).

Und nicht vergessen: Auch in Bier sind Bläschen. Für die Kombination von Bier und Essen gibt es eigene komplexe Richtlinien, doch durch ihren schäumenden Charakter sind Biere – ähnlich wie spritzige Weine – vielseitiger.

Wenn alles andere nicht funktioniert, helfen Bläschen.

AUS-WÄRTS ESSEN

REGEL 71

Im Allgemeinen kostet die Flasche Wein im Restaurant etwa doppelt so viel wie im Handel.

Restaurants haben häufig zusätzliche Kosten, die der Ausschank von Wein mit sich bringt (z. B. die Gläser), was den Aufschlag höher macht als im Handel, üblicherweise das Zweieinhalb- bis Dreifache des Einkaufspreises (ohne Umsatzsteuer). Mit Steuern kommt man dann auf etwa das Doppelte dessen, was die entsprechende Flasche im Regal kostet. Wenn der Preis darüberliegt, dürften die Preise in diesem Restaurant überhöht sein.

REGEL 72

Ein Glas Wein im Restaurant enthält 100 bzw. 200 Milliliter.

Da die Serviermengen stark reguliert sind, entspricht eine im Glas servierte Portion Wein entweder 100 oder 200 Milliliter, entsprechend dem Füllstrich auf dem Glas – was recht hilfreich ist, wenn man Preise vergleichen möchte. Zum Schätzen des Flaschenpreises reicht Grundschul-Mathe:

$$750 \text{ ml} / 100 \text{ ml} = 7{,}5 \text{ kleine Gläser Wein}$$
$$750 \text{ ml} / 200 \text{ ml} = 3{,}75 \text{ Gläser Wein}$$

Natürlich wird nicht jeder glasweise servierte Wein auch in der Flasche angeboten. Die 100-Milliliter-Portionen machen es einfacher, eine größere Auswahl verschiedener Weine zu probieren, vor allem dann, wenn Sie die Hälfte einer 200-Milliliter-Portion kosten.

»Vielen Dank, das reicht«, sollte genügen. Wenn man schiedsrichtermäßig die Hand ausstrecken muss, ist das bedauerlich – für den Kellner, nicht für Sie –, aber immer noch in Ordnung. Sie sind der Kunde. (Zugegeben wäre es unverschämt, das Gegenteil zu tun, nämlich den Kellner zu bitten, mehr einzuschenken.) Ein guter Kellner schenkt Ihnen die korrekte Menge ein.

Wenn man Ihnen zu viel Wein ins Glas einschenkt, tun Sie etwas dagegen.

REGEL 74

Große Weinkarten sind nicht automatisch besser als kleine.

Merken Sie sich: Nicht die Größe ist wichtig, sondern was man damit macht. In der Vergangenheit wurde Weinkarten mehr Beachtung geschenkt – sie wurden prämiert –, wenn sie sehr umfassend waren. Eine Weinkarte im Wälzer-Format kann eine Menge Spaß machen. Aber ein Sommelier sollte auch »kuratieren« können, also nur die beste (und faszinierendste) Auswahl treffen, statt sie ausufern zu lassen. In den Worten des Londoner Sommeliers Michael Sager: Die Gäste brauchen keine »fünf unterschiedlichen Chablis, die zu ihrem Fisch passen, sie brauchen bloß einen«. Außerdem haben die meisten Restaurants heutzutage nicht den Platz, um Hunderte Flaschen zu lagern. Eine gut zusammengestellte Weinkarte, die auf eine DIN-A4-Seite passt, ist ebenso einträglich wie eine 50 Seiten lange Weinkarte.

REGEL 75

Wein zu bestellen, soll wie eine Unterhaltung sein, nicht wie eine mündliche Prüfung.

Passen Sie auf, dass kein Monolog daraus wird. Sie und der Sommelier müssen *miteinander* reden, nicht *aneinander vorbei*. Die perfekte Wahl gibt es nicht, also wählen Sie den Wein, der Sie glücklich macht. Wie das geht?

→ Machen Sie klar, welche Art Wein Sie mögen. Wenn der Vorschlag des Kellners oder Sommeliers Ihnen nicht zusagt, fragen Sie einfach, was er oder sie noch für Ideen hat.

→ Machen Sie unmissverständlich klar, wie viel Sie ausgeben möchten. Wenn Ihnen ein Vorschlag zu teuer ist, sagen Sie das. Wenn Sie am Tisch nicht über Geld sprechen möchten, zeigen Sie einfach auf einen Wein, der der gewünschten Preisklasse entspricht, und fragen Sie: »Wie wäre es mit etwas in der Art?«, oder Sie äußern etwas wie: »Weine aus dieser Region mag ich wirklich sehr.« Das Servicepersonal dürfte Ihre Andeutung verstehen.

→ Selbstverständlich muss das Servicepersonal die Weinkarte in jedem Fall besser kennen als Sie. Sie fahren meistens gut damit zu fragen, welchen Wein der Kellner oder die Sommeliers selbst am liebsten trinken. Noch besser, Sie bitten um zwei oder drei Vorschläge, die zu Ihrem Essen passen. Lassen Sie das Servicepersonal die Weinkarte auf Sie abstimmen.

→ Wenn man Ihre Fragen nicht beantworten kann, bitten Sie höflich darum, bei jemandem nachzufragen, der die Antworten kennt. Aus diesem Grund zahlen wir im Restaurant mehr für Wein: damit er uns von Fachleuten serviert wird.

→ Fragen Sie den Sommelier, welcher Wein ihn begeistert. Wenn der nicht in der unteren Hälfte der Preisspanne liegt, fragen Sie noch mal nach.

→ Wenn Sie nicht weiterwissen und das Restaurant nicht zu schick ist (selbst wenn es das ist), bitten Sie darum, dass Sie den Wein, an dem Sie interessiert sind, kosten können. Nie mehr als zwei verschiedene Weine und natürlich nur, wenn der betreffende Wein auch im Glas angeboten wird. Wenn Ihnen der vorgeschlagene Wein wirklich nicht zusagt, teilen Sie das sofort mit, wenn Sie ihn gekostet haben: »Das ist nicht ganz das, was

mir vorschwebt.« Heutzutage ist es in der Regel in Ordnung, einen vorgeschlagenen Wein zurückgehen zu lassen – aber nicht, wenn man schon begonnen hat, ihn zu trinken.

→ Und schließlich – manchmal ist Wein nicht die beste Wahl. In amerikanischen Restaurants zumindest wurden in letzter Zeit Cocktails explosionsartig besser, und es wird viel Mühe darauf verwandt, eine Auswahl an Bier, Cider und sogar Sake und Soju zusammenzustellen – und auch interessante nichtalkoholische Getränke anzubieten. Sie haben die Wahl. Suchen Sie aus, wonach Ihnen ist.

REGEL 76

Es gibt keine Formel für das beste Preis-Leistungs-Verhältnis.

Jahrelang waren Theorien im Umlauf, wie man das beste Schnäppchen machen kann: den billigsten Wein wählen oder doch den zweitgünstigsten?

Denken Sie daran, dass auch die Sommeliers von diesen »Geheimnissen« gehört haben. Mit der Zeit wird Ihnen die Preisgestaltung von ein paar Standardweinen klar werden, aber das sind genau die Weine, mit deren Preis Laien aus dem Konzept gebracht werden sollen. Also vergessen Sie diese angeblichen »Regeln«.

Ein gutes Restaurant steht hinter seinem gesamten Angebot. Man weiß, dass Kunden heutzutage die Preise sofort auf dem Smartphone recherchieren können. In der Regel kann man davon ausgehen, dass eine Flasche zweimal so viel kostet wie im Weinladen. Restaurants müssen die Kosten von Lagerung, Glas und professionellem Service mit einberechnen, und – ob Ihnen das gefällt oder nicht – der Weinverkauf trägt zur Kostendeckung eines Restaurants bei. Sobald der Aufschlag jedoch das Doppelte des Einzelhandelspreises übersteigt, kann man sich zu Recht fragen, ob die Preise nicht übertrieben sind.

Weitere Faustregeln:

MACHEN SIE IHRE HAUSAUFGABEN.

Das heißt, schauen Sie sich die Weinkarte vorher an und prüfen Sie die Preise. Wenn Sie neugierig sind, vergleichen Sie sie mit den Einzelhandelspreisen. Wein-Profis machen das im Kopf, jedes Mal wenn sie auswärts essen. Ein Restaurant, das hinter seiner Weinkarte steht, stellt sie online – inklusive Preise. (Ein Restaurant, das die Preise für das Essen oder den Wein nicht öffentlich macht, hat höchstwahrscheinlich etwas zu verbergen.)

MIT DEN SELBSTVERSTÄNDLICHSTEN WEINEN SCHNEIDEN SIE IN DER REGEL AM SCHLECHTESTEN AB.

Chardonnay im Glasausschank, gut bekannte Marken, Champagner usw.

AUF FAST JEDER WEINKARTE GIBT ES EINEN ABSCHNITT MIT WENIGER BEKANNTEN WEINEN, DIE JEMANDES PERSÖNLICHE LEIDENSCHAFT SIND.

Das könnten Weine aus Österreich oder Griechenland sein oder vielleicht eine Sammlung mit der Überschrift »Interessante Weißweine«. In der Regel findet man in diesem Teil der Weinkarte die besten Angebote: Die meisten Sommeliers wollen ihre Leidenschaft teilen.

WENN MAN DIE MEISTEN CHAMPAGNERSORTEN AUF DER WEINKARTE KENNT, IST DIE WAHRSCHEINLICHKEIT GROSS, DASS DIE PREISE DAFÜR ZU HOCH SIND.

Im Großhandel gibt es auf diese Flaschen höchstwahrscheinlich Rabatt. Aber im Verkauf landen sie mit einem großen Preisaufschlag, weil die Kunden bekannte Namen mit Prestige in Verbindung bringen und sich daher ungeachtet des Preises für sie entscheiden. (Allerdings trifft das immer seltener zu. Zu viele Leute kennen den Einzelhandelspreis von beispielsweise Veuve Clicquot, sodass kluge Gastronomen reelle Preise verlangen.) Kleiner Tipp: Achten Sie auf Schaumweine, bei denen es sich weder um Champagner noch um Prosecco handelt – da findet man häufig echte Schnäppchen.

Wein muss die richtige Temperatur haben, wenn er an den Tisch kommt.

Das ist einer der Hauptgründe, warum wir im Restaurant mehr für Wein bezahlen: die richtige Handhabung. Leider ist das nicht immer der Fall. Zu oft werden Flaschen auf dem Tresen oder im Regal hinter der Bar aufbewahrt statt im Weinkühlschrank. (Mehr zur angemessenen Serviertemperatur s. Seite 86 f.)

Wenn der Wein zu kühl an den Tisch kommt, bestehen Sie darauf, dass er auf dem Tisch stehen bleibt, um etwas aufzuwärmen, oder dass er dekantiert wird. (Während mit dem Wein hantiert wird, wärmt er leicht auf, und das Glas des Dekanters wird wärmer sein als die Flasche.)

Häufiger passiert jedoch, dass der Wein zu warm an den Tisch kommt – vor allem Rotwein. Bitte Sie um einen Weinkühler – ja, auch für Rotwein – und erklären Sie freundlich, dass der Wein etwas abkühlen muss. (Hoffentlich versteht man im Restaurant Ihren zarten Hinweis darauf, dass der Wein unsachgemäß gelagert wird.)

Die Weinkarte sollte nicht von einer einzigen Person in Beschlag genommen werden. Bitten Sie um zusätzliche Weinkarten, wenn nötig. Wenn einer von Ihnen es preislich übertreibt, moderieren Sie ihn freundlich ab, indem Sie eine weniger teure Flasche vorschlagen. Wenn dieser Wink nicht verstanden wird, kann man es mit einer scherzhaften Bemerkung versuchen: »Das ist so großzügig von dir, uns diese beeindruckende Flasche *ausgeben* zu wollen!« Und merken Sie sich fürs nächste Mal, dass dieser Mensch eine schlechte Begleitung fürs Restaurant ist.

Achten Sie außerdem darauf, dass der Wein beim Ausschenken gleichmäßig unter den Gästen aufgeteilt wird – vor allem, weil einige Leute schneller trinken als andere.

REGEL 78

Teilen Sie die Rechnung untereinader auf, denken Sie auch daran, dass bei der Weinauswahl alle ein Wörtchen mitzureden haben.

Selbstverständlich können Sie die Wahl auch den Gästen überlassen, aber Sie sollten zumindest fragen, was sie gerne trinken. Aber: Ihr Geldbeutel, Ihre Wahl. Und wenn Sie die Rechnung untereinander aufteilen, Sie jedoch etwas Besonderes trinken möchten, bieten Sie an, die Kosten für die entsprechende Flasche alleine zu übernehmen. So halten Sie Ihre Karma-Bilanz im Gleichgewicht.

REGEL 79

Wenn Sie allein bezahlen, liegt die Weinauswahl bei Ihnen.

Als Wein-Kunde hat man Rechte.

Der Wein sollte immer geschlossen serviert werden. Zwar öffnen einige Sommeliers Flaschen lieber an ihrer Station, trotzdem ist es nicht zu viel verlangt, dass man eine ungeöffnete Flasche serviert bekommt.

Sie sollten den Wein aus der angebotenen Flasche immer erst kosten dürfen – und das auch immer tun. Dabei prüfen Sie die Flasche auf Fehler (s. Seite 53), daher zahlt es sich aus, wenn Sie in der Lage sind, einige typische Weinfehler identifizieren zu können.

Zugegeben, die Fehler sind nicht immer leicht zu erkennen. Selbst meine Frau und ich, beide Wein-Profis, diskutieren manchmal über den Zustand von Weinen, die uns im Restaurant serviert werden. Wenn der Wein irgendwie nicht richtig schmeckt, bitten Sie den Sommelier, ihn ebenfalls zu kosten. (Wenn er von einem Kellner ausgeschenkt wird, bitten Sie darum, dass der Sommelier oder Manager den Wein prüft.)

Wenn wirklich etwas mit dem Wein nicht zu stimmen scheint, ist es in der Regel in Ordnung, ihn zurückgehen zu lassen – ein guter Sommelier wird deutlich sagen, ob der Wein seiner Meinung nach im korrekten Zustand ist. Machen Sie das aber niemals, nachdem Sie begonnen haben, den Wein zu trinken – mit einer Ausnahme: Manchmal dauert es ein paar Minuten, bis Fehler offensichtlich werden. Wenn der Wein plötzlich deutlich schlechter schmeckt, weisen Sie den Kellner freundlich darauf hin, dass mit dem Wein etwas nicht zu stimmen scheint. Ein guter Kellner wird das für Sie nachprüfen lassen.

Wenn Ihnen die Flasche empfohlen wurde, seien Sie ehrlich, ob Sie Ihnen gefällt oder nicht. Ein guter Gastgeber wird sein Bestes tun, dass Sie den Wein bekommen, den Sie trinken möchten.

8

PRIVAT TRINKEN

REGEL 81

Seien Sie keiner von denen, die billiges Zeug anschleppen. Aber Sie müssen auch keine Riesensummen ausgeben.

Wenn man als Gast auf eine Party Wein mitbringt, wie viel sollte man ausgeben? Die Faustregel lautet: So viel wie ein Hauptgericht in einem Restaurant kosten würde, in das Sie mit Ihrem Gastgeber gehen würden. Vergessen Sie aber nicht, dass teuer nicht gleich besonders ist. Manchmal ist eine brillante, einzigartige Flasche für zehn Euro das perfekte Gastgeschenk.

Wichtig ist, etwas auszusuchen, das zeigt, dass man sich überlegt hat, was dem Gastgeber schmecken könnte. Achtsamkeit ist mehr wert als jedes Preisschild.

REGEL 82

Gehen Sie nicht davon aus, dass Ihre Flasche geöffnet wird.

Ein höflicher Gastgeber öffnet und serviert die von den Gästen mitgebrachten Flaschen. Allerdings kann er es auch sein lassen. Rechnen Sie nicht damit, dass Ihr Wein geöffnet und angeboten wird.

Wenn Sie die Flasche jedoch extra für diesen Abend vorgesehen haben, hier ein kleiner Tipp: Öffnen Sie die Flasche, bevor Sie ankommen und erklären Sie, dass der Wein dekantiert werden muss. Das trifft vielleicht auch zu – selbst für Weißweine (s. Seite 96).

Wenn man eine Party veranstaltet, hängt die Menge Wein, die gekauft werden muss, von den Gästen ab und von der Art der Party. Im Allgemeinen kann man davon ausgehen, dass jeder Gast mindestens zwei Gläser Wein trinkt. Eine Flasche enthält etwas mehr als vier Gläser. Ich weiß, auf Seite 128 habe ich fünf geschrieben, aber auf Partys schenkt man in der Regel mehr ein als im Restaurant.

Hier also die Faustregel: eine Flasche pro zwei Gäste. Plus mindestens eine weitere Flasche, nur um sicherzugehen, dass man nicht irgendwann auf dem Trockenen sitzt: vier Gäste = drei Flaschen, acht Gäste = fünf Flaschen usw.

REGEL 83

Kaufen Sie etwas mehr Wein als Sie glauben zu brauchen.

Bloß weil man mehr als zwölf Gäste erwartet, ist das keine Entschuldigung dafür, Plastikbecher zu verwenden. Wenn Sie häufiger Gäste haben, lohnen sich billige Weingläser mit Stiel, die man in die Geschirrspülmaschine geben kann. Wenn Sie sich Sorgen machen, dass die Stielgläser umgestoßen werden, besorgen Sie ein Set billiger Gläser ohne Stiel. Und wenn es eine lockere Party werden soll, können Sie auch Plastik-Versionen der Weingläser ohne Stiel besorgen, z. B. von Govino. Plastikbecher sind für Bier.

REGEL 84

Die Gläser müssen zur Party passen.

REGEL 85

Bieten Sie eine Auswahl verschiedener Getränke an.

Wenn es sich nicht gerade um eine Dinnerparty handelt, ermöglichen Sie Ihren Gästen die Wahl zwischen Rot-, Weiß-, Rosé- und Schaumwein. Abhängig davon, was es zum Essen gibt und wie das Wetter ist, sollte die Betonung auf einer Art Wein liegen. Wenn Sie mit Cocktails anfangen (oder es eine Cocktailparty ist), besorgen Sie zusätzlich ein paar Flaschen Schaumwein.

Und schließlich, und das versteht sich von selbst …

REGEL 86

Kaufen Sie Weine, die Sie selbst trinken möchten.

So wird es Ihnen leichter fallen, ein paar Flaschen mehr zu kaufen, und den Rest, falls etwas übrigbleibt, trinken Sie später selbst.

Man sollte immer ein paar Flaschen zur Hand haben, am besten einen Weißwein (etwas Vielseitiges, z. B. im Stahltank ausgebauten Chardonnay oder Verdicchio), einen Rotwein (etwas relativ Leichtes, z. B. Pinot Noir oder ein guter Beaujolais) und einen Schaumwein. Und wenn Sie nicht ganz so viel Platz haben, bewahren Sie einfach eine Flasche Schaumwein im Kühlschrank auf.

REGEL 87

Immer auf spontane Partys vorbereitet sein.

Am besten nehmen Sie einen trockenen weißen und einen süßen roten (und einen »blanc« oder »bianco«, wenn Sie möchten). Sie sind großartig als Aperitif *und* für die Zubereitung von Cocktails. Die geöffneten Flaschen im Kühlschrank aufbewahren – und halbe Flaschen kaufen, weil man den Wermut innerhalb einer Woche aufbrauchen sollte (sagt der Typ, der seine Flaschen wochenlang im Kühlschrank aufbewahrt). Das Gleiche gilt übrigens für trockenen Sherry.

REGEL 88

Investieren Sie in eine gute halbe Flasche Wermut – oder zwei.

Heben Sie sich eine richtig gute Flasche nicht zu lange auf.

Einer der größten Trugschlüsse in Bezug auf Wein ist, dass er durch Warten besser wird. Ohne Zweifel gibt es Weine, die zu jung getrunken werden. Und Geduld ist eine Tugend, wenn es um die meisten wichtigen Weine geht (s. Seite 111). Doch selbst die meisten Spitzen-Weine können heutzutage relativ jung genossen werden.

Das soll nicht heißen, dass Sie keinen Wein sammeln und reifen lassen sollten, wenn Sie das interessiert. Aber zu viele Leute (auch ich) bewahren Wein länger auf als nötig, weil wir auf den richtigen Augenblick warten – oder wir ihn vergessen haben. (Das kann auch gut ausgehen, nämlich wenn man auf eine Flasche stößt, die man, ohne es zu wollen, hat reifen lassen und der das nicht geschadet hat.)

Nichts macht mehr Freude, als eine großartige Flasche mit Menschen zu öffnen, die man mag, und die Tatsache zu genießen, dass man diese Flasche für genau diesen Moment aufbewahrt hat – selbst wenn das genau genommen gar nicht stimmt. Also horten Sie diese besonderen Flaschen nicht. Öffnen Sie sie, genießen Sie Ihren Wein, und kaufen Sie mehr davon.

DANK

Dieses bescheidene Buch entwickelte sich zu einer größeren Herausforderung als erwartet, und ohne die Hilfe vieler Menschen hätte ich es niemals realisieren können. Vor allem möchte ich mich bei meiner Frau Valerie bedanken – für deine Liebe, deine Unterstützung und deinen Rat während des gesamten Prozesses. Du weißt so viel mehr über Wein als ich und trotzdem erinnerst du mich immer daran, dass Wissen nicht alles ist. Wenn wir unser Wissen nicht auf die richtige Art und Weise weitergeben können, ist es wertlos.

Großen Dank bin ich außerdem schuldig:

meiner Freundin und Buchagentin Katherine Cowles für ihre Hilfe und die unendliche Geduld, die sie aufbrachte, damit dieses Buch gelingt – schließlich handelte es sich um ganz neues Territorium;

Aaron Wehner von Crown and Ten Speed Press, der mich von Anfang an dabei unterstützt hat, ein etwas anderes Projekt anzugehen, und der wesentlich zu Konzept und Form beigetragen hat;

dem gesamten Team von Ten Speed dafür, dass sie ein komplexes Projekt innerhalb einer verrückten Abgabefrist auf die

Beine gestellt haben, allen voran meiner Herausgeberin Emily Timberlake, die eine großartige Freundin und Verbündete war und sicherstellte, dass aus einzelnen Teilen ein Ganzes wurde. Lizzie Allen, unserer großartigen Grafikerin, die ein visuelles Konzept verfeinerte, das freundlich, aber nicht frivol ist; Jean Blomquist und Dolores York aus Lektorat und Korrektorat; David Hawk und Allison Renzulli, für ihre dynamische Arbeit in der Vermarktung; und Emma Campion, Serena Sigona, Hannah Rahill und Windy Dorresteyn für ihre Unterstützung und Hilfe;

María Hergueta, unsere Illustratorin, deren Arbeit immer so schön anzusehen ist. María hat genau die richtige visuelle Sprache gefunden, um häufig komplexe Ideen auszudrücken. Ohne dich würde dieses Buch nicht wirken;

meiner Freundin und Redakteurin Talia Baiocchi bei »PUNCH«, und dem gesamten »PUNCH«-Team, die mich immer antreiben, besser zu werden, und die mir den Raum gegeben haben, Ideen für *Endlich Schluss mit Brombeere im Abgang* auszuprobieren;

meinen externen Korrekturleser/innen: Aimee Haber, Steve Matthiasson, Carole Meredith, Erin Nebel, Tegan Passalacqua, Juliette Pope sowie Johannes und Barbara Selbach. Euer Feedback, professionell und freundlich, war so ehrlich und so wertvoll. Ihr habt das hier zu einem deutlich besseren Buch gemacht;

den vielen Weinmachern, Weinverkäufern, Sommeliers und anderen Profis, die ich über die Jahre hinweg mit Fragen bombardiert habe und die mir die Richtung gewiesen haben. Ich kann euch nicht genug für eure Geduld und Zeit danken.

Und schließlich: Danke, Mom! Du hast mich daran erinnert, dass man manchmal einen Gang runterschalten muss, um anderen verständlich zu machen, was einem selbst glasklar scheint.

Impressum

Für die deutsche Ausgabe:
Übersetzung aus dem Englischen: Carla Gröppel-Wegener, Berlin
Lektorat: Stephan Thomas, München
Covergestaltung und Satz: Arnold & Domnick, Leipzig
Produktmanagement und Korrektorat: Christine Rauch
Druck und Bindung: Neografia, Slowakei

© Lifestyle BusseSeewald in der frechverlag GmbH,
Turbinenstraße 7, 70499 Stuttgart, 2018

Die Originalausgabe erschien 2017 unter dem Titel
The New Wine Rules bei Ten Speed Press.

Copyright © 2017 by Jon Bonné
Illustrationen © 2017 by María Hergueta

This translation published by arrangement with Ten Speed Press,
an imprint of the Crown Publishing Group, a division of Penguin
Random House LLC

1. Auflage 2018

ISBN: 978-3-7724-7481-1 • Best.-Nr. 7481